KB141335

나는 퇴사가 두렵지 않은

경준녀입니다

나는 퇴사가 두렵지 않은 경준녀입니다

초판 1쇄 발행 2020년 8월 11일

지은이 임선영(경준녀 썸머)

펴 낸 곳 잇콘
발 행 인 록산
편   집 이수희
디 자 인 이찬미
마 케 팅 프랭크, 릴리제이, 감성홍피디
경영지원 유정은, 김형미
출판등록 2019년 2월 7일 제25100-2019-000022호
주   소 경기도 용인시 기흥구 동백중앙로 191
팩   스 02-6919-1886

ⓒ 임선영, 2020

ISBN 979-11-90877-15-2 13320
값 13,500원

· · · · · · · · · · 잇콘의 풍부한 콘텐츠를 다양한 채널에서 만나보세요. · · · · · · · · · ·

나는 ☼ 퇴사가 두렵지 않은 경준녀입니다

임선영(경준녀 썸머) 지음

FUTURE

프롤로그

아이를 키우면서 회사에 다니는 것은 생각보다 더 어려운 일입니다. 매일이 전쟁 같고, 어딜 가도 미안한 마음부터 드는 죄 없는 죄인이 되고. 그렇다고 발에 불이 나도록 뛰는데 통장 잔고는 빵빵하냐 하면 그대로고, 미래는 여전히 불투명합니다. 13년 차 직장인이자 두 아이를 키우고 있는 워킹맘으로 산전수전을 꽤 많이 겪어 봤지만, 저 역시 이 지옥 같은 현실을 벗어나지 못한 채 하루하루를 견뎠습니다.

'내가 회사에 다니는 이유가 뭐지? 대체 뭐 때문에 이렇게 아등바등 살려고 노력하는 걸까?' 근본적인 해결책을 찾으려고 해봤지만, 본격적으로 시작하기도 전에 끝나 버리곤 했습니다. 지금 눈앞에 닥친 문제부터 처리해야 하니 이런 고민은 사치일 뿐이라고 저를 다그치며, 점점 더 가혹한 워킹맘의 세계로 진입했던 것이지요.

그러던 어느 겨울날, 제 정신을 뻔쩍 들게 하는 사건이 벌어졌습니다. 당시 저는 남편, 돌도 안 된 아기와 함께 전셋집에 살고 있었는데 집주인의 통보로 쫓겨나듯 이사를 해야 하는 상황에 처하게 된 것입니다. 그동안은 전셋집을 전전해도 별다른 생각이 없었는데 가족이 한 명 늘었다고 온갖 부정적인 생각이 다 들기 시작했습니다. 그리고 그 끝에 도달한 생각은 이랬습니다.

'그동안 나름 열심히 살았는데 우리 가족이 마음 편히 살수 있는 집 하나 없다니. 만약 나나 우리 남편이 회사를 그만두게 되면 내 집은커녕 전셋집 얻기도 더 어려워질 텐데 여태 뭘 하고 있었던 거지?'

◆◆◆

살면서 처음으로 느껴 본 감정이었습니다. 워킹맘은 상대적으로 재취업을 하기도 힘든데 내가 말로만 듣던 '경단녀'가

될 수도 있겠다는 생각이 들자 그 공포감을 이루 말할 수 없었습니다. 성실하게 사는 게 최선인 줄 알았는데 최선이 아니라는 것을 깨달은 것이죠. 이때부터 제 삶은 아주 많이 변했습니다. 내 인생이 계속 제자리일 순 없다는 다짐, 회사를 다니지 않더라도 안정적으로 살 수 있는 미래를 만들어야겠다는 결심으로 불타올랐습니다.

그렇게 남편과 함께 가열차게 달려온 지금, 저는 경제적 자유와 사회적 자유에 차근차근 가까워지고 있습니다. 경제적 자유를 목표로 공부한 부동산 투자는 200%의 높은 수익률을 가져다 주며 자산을 10배 이상 불려 주었고, 사회적 자유를 위해 시작한 블로그에서는 많은 사람들과 다양한 프로젝트를 진행하고 있습니다. 저와 같은 엄마들을 위한 부동산 투자 스터디, 매일 한 시간씩 나에게 투자하는 시간 부자 프로젝트, 경준녀 멘토링까지 제가 좋아하고 관심 있는 분야의 정보를 사람들과 나누며 저만의 콘텐츠를 쌓는 중입니다. 그리고 지금의 저는 언제 회사에서 잘릴지 걱정되지 않는, 퇴사가 두렵지 않은 경준녀가 되었습니다.

      ◆◆◆

'경준녀'라는 단어는 제가 만든 단어입니다. 다양한 경험으로 준비된 미래를 만들어 가는 여성이라는 뜻으로, 엄마들에게 우리도 할 수 있다는 메시지를 전해 주고 싶어 만든 단어입니다. 이 단어를 만든 이유는, 부동산 투자 공부를 하고 블로그를 운영하면서 저와 비슷한 처지의 워킹맘들이 참 많다는 사실을 알게 되었기 때문입니다. '이 사람들도 분명 경단녀가 된다는 것에 대한 불안감이 있을 텐데, 내가 그들을 도와줄 방법이 없을까?'라는 고민 끝에 '경준녀'라는 단어를 기반으로 서로에게 힘이 되는 일을 해보자는 생각이 든 것이죠. 제가 처음 공부를 시작하면서 느꼈던 가장 큰 두려움 또한 사회가 정해 놓은 '엄마'의 한계였기 때문에 경력이 단절된, 혹은 단절될 예정인 수많은 여성들이 다시 일어설 방법이 많아져야 한다고 생각했습니다.

그래서 고민을 거듭하던 저는 제가 터득한 나름의 방법과 느낀 바를 함께 나누고 앞으로 나아가기 위해 '경준녀' 프로젝트를 시작하기로 마음먹었습니다. 제 프로젝트 내용을 담은 블로그 글을 읽고 한 분이 용기를 얻고, 매번 새로운 일에 도전하는 저를 보며 또 다른 한 분이 할 수 있다는 자신감을 얻어 가셨습니다. 그러면서 저는 더 많은 엄마들이 함께 앞으로 나아갔으면 하는 바람에서 이렇게 작가가 되는 도전까지 진행 중에 있습니다.

저 역시 아직까지는 열심히 회사를 다니는 워킹맘입니다. 하지만 퇴직 시기와 노후, 아이들 양육비를 걱정하며 고민 속에 살고 있진 않습니다. 오히려 회사 일이 전보다 즐겁고 내일이, 5년 후가, 10년 후가 기대되는 희망 속에 살고 있습니다. 제가 바라는 건, 제 책을 읽은 모든 분들이 저처럼 포기하지 않고 다시 시작할 수 있는 용기와 힘을 얻었으면 하는 점입니다. 그 힘을 발판으로 즐거운 미래를 꿈꾸며 사셨으면 좋겠습니다. 저와 함께 퇴사가 두렵지 않은 경준녀의 삶을 이루시길 바랍니다. 한 분이라도 더 경준녀의 삶에 동참하게 된다면 아마 이 책은 제 역할 다 한 것이 아닐까 생각합니다.

◆◆◆

육아, 집안일로만 꽉 찬 삶이 아닌, '나'를 위한 삶을 살고 싶은 이 세상의 엄마들이 모두 경준녀가 되는 그 날까지,

'경준녀 썸머'는 여러분과 함께 성장하고자 합니다. 그런 분들과 이 책의 내용과 기쁨을 함께 나누며, 항상 제 도전의 큰 힘이자 원동력이 되어 주는 남편 봉안씨와 두 아이들 윤우, 민채 그리고 가족들과 지인들에게 감사의 인사를 전합니다.

임 선 영 올림

목차

Chapter 2.

준비편 Ⅰ : 워킹맘의 행복한 퇴사를 위하여

Chapter 3.

준비편 II : 워킹맘의 당당한 미래를 위하여

Chapter 4.

실전편 I : 경제적 자유를 위한 한 걸음, '부동산 투자'

Chapter 5.

실전편 II : 사회적 자유를 위한 두 걸음, '블로그'

Chapter 1.

워킹맘, 퇴사 준비를 시작하다

워킹맘이
되어 버렸다

"엄마! 엄마!" 아침부터 엄마를 찾는 소리가 집안 가득합니다. '아, 지금 이 소리가 나를 부르는 소리인가?' 엄마가 되었다는 사실에 어느 정도 적응이 된 것 같다가도 아직 매일 새롭고 어색한 날들. 엄마라는 단어는 내가 우리 엄마를 부를 때만 썼던 말인데, 이제는 누군가 나를 부를 때 쓰는 말이라고 생각하니 그렇게 생경할 수가 없었습니다.

아이를 낳고 처음으로 엄마라고 불렸던 날이 아직도 머릿속에 생생합니다. 태어난 지 279일쯤 됐던 첫째 아이가 "어마…? 엄…마?"라고 하는 소리가 어찌나 감격스럽던지요. 후다닥 핸드폰을 꺼내 영상을 찍었는데 지금도 종종 들여다보곤 합니다. 이 사랑스럽고 작은 아이가 내 아이라니, 내가 이 아이의 엄마라니…! 엄마가 된 후 저는 여태껏 경험해 보지 못한 행복하고 감동적인 순간들을 자주 마주하곤 했습니다.

하지만 엄마라는 이름은 그만큼의 책임감과 삶의 무게를 가져다주기도 했습니다. 이 작은 생명을 잘 키워내기 위해, 스스로의 책임을 다하기 위해 저는 전보다 더 열심히 살아야겠다는 마음을 가지게 되었습니다. 오롯이 나를 위해 살았던 삶에 큰 변화가 생긴 것이었죠. 나보다 아이를 먼저 챙길 때가 많고 나를 위한 시간은 모두 아이를 돌보는 시간으로 썼습니다. 행복의 대가가 갈수록 커지고 절제와 인내를 키워야 하는, 어른들이 말하는 진짜 '어른'으로 다시 태어난 듯했습니다.

특히 첫 아이를 낳고 육아휴직의 시간을 보내면서는 아이 때문에 참 많이 웃기도 했고 울기도 했습니다. 처음 해보는 엄마 역할에 발을 동동 구르며 무엇을 어떻게 해야 할지 몰라 난감한 순간들이 연속으로 찾아왔습니다. 그리고 이때 전 깨달았습니다.

'와, 아이를 키우는 일이 정말 보통 일이 아니구나.'

그래서 복직하기 한 달 전부터 마지막 잎새가 떨어지길 기다리는 사람처럼, 회사로 복직하는 날을 하루하루 세어 갔습니다. '내가 일과 육아, 이 두 가지를 모두 잘 해낼 수 있을까? 육아만 하기도 벅차고 힘들었는데….' 회사에 임신 소식을 알렸을 때부터 선배들에게 "이전까진 한 번도 경험해 보지 못한 고난이 찾아올 것이다"라는 이야기를 많이 들었던 터라 불안감은 계속 몸집을 키웠습니다.

그렇게 시작한 복직 생활은 정말 남달랐습니다. 항상 새로운 프로젝트를 시작할 때면 긴장을 하다가도 시간이 지나면 별 것 아니네, 해볼 만하네 하는 일들이 대부분이었어서 이번에도 그렇지 않을까 내심 바랐던 것 같습니다. 하지만 저의 기대와는 달리, 일과 육아를 함께 해야 하는 워킹맘의 현실은 정말 녹록지 않았습니다. 이제부터가 본 게임이라며 저를 비웃듯이 말이죠.

엄마와 떨어지기 싫다며 아침마다 우는 아이를 두고 1차전, 지각을 간신히 면한 채 회사에 도착한 뒤로는 칼퇴를 위해 초집중 모드로 일을 처리하는 데 2차전, 퇴근 후에는 녹초가 되어 당장이라도 눕고 싶은 몸뚱이로 아이와 놀아 주고 밀린 집안일, 어린이집 준비물 챙기는 데 3차전. 한바탕 전쟁을 치르고 잠깐 눈만 감았다 뜬 것 같은데도 어느새 아침이 찾아와 있었습니다. 더도 말고 덜도 말고 어제와 같았으면 하는 일상을 유지하기가 어찌나 힘이 들던지. 이 와중에 아이가 아프기라도 하면 게임 끝! 모든 것을 내려놓고 이 상황을 종료하고 싶다는 마음이 저를 서서히 지배해 갔습니다.

하지만 그렇다고 해서 회사를 그만두면 그 뒤의 현실은 더 아수라장일 거라는 게 너무 당연했습니다. 맞벌이로 살며 익숙해진 씀씀이를 줄이며 살 자신도 없었기에 이 악물고 그저 버티는 수밖에 없었던 것이지요. 그렇게 저의 하루는 속절없이 흘러갔습니다. 아이 핑계 대며 대충 일하지 않겠다고 다짐했으면서도 아이가 아프면 월차나 반차를 쓸 수밖에 없었고, 야근을 해서라도 열정적으로 일을 처리해 내던 과거와 달리 최대한 효율적으로 일하고 칼같이 퇴근하는 현재만 남았습니다.

'콧대 높고 잘 나가는 커리어우먼', '누구보다 행복하고 사랑 가득한 엄마'. 이 두 가지 모두를 내 것으로 품고 싶었는데… 너무 큰 욕심이었을까요? 아니면 워킹맘에게 이런 꿈은 닿을 수 없는 이상향이었을까요? 이상과 현실 사이에는 너무나 큰 괴리감이 존재했습니다.

아이와 맞바꾼 삶은 참 힘들었습니다. 하루하루 버티는 것이 최선이었고 버티고 있음에도 미래가 그려지지 않았습니다. 아이에게 엄마가 절대적으로 필요한 상황이 발생하거나, 끝내는 내가 먼저 회사와의 끈을 놓는 날이 올까 두려웠습니다. 그리고 제일 두려운 건 이 끝에서 저를 기다리는 것이 '경력 단절 여성'의 삶뿐일까 하는 걱정이었습니다. 엄마로서의 삶도 중요하지만 그렇다고 엄마로만 살고 싶진 않았기 때문입니다. 나는 엄마이기도 하지만 임선영이기도 하다는 걸 놓고 싶지 않았습니다. 이 모든 것을 어떻게 하면 조화롭게 해 나갈 수 있을지 걱정이 한가득이었습니다.

결국 오랜 시간 고민하여 내린 답은, '내 삶의 주도권을 나에게 가져오자'라는 것이었습니다. 회사에서 잘릴까 봐 전전긍긍하며 살지 말자! 경단녀가 되고 나서 후회하지 말자! 지금까지 쌓아 온 경험과 경력으로 미래를 스스로 준비하는 여성이 되자! 경준녀가 되자! 이것이 제가 내린 결론이었습니다.

얼굴엔 겨우 선크림만 바른 채 플랫슈즈를 구겨 신고 아이를 달래며 발걸음을 재촉하던 출근길. 지각을 면하기 위해 달리는 그 길 위에서 저는 제가 꿈꾸던 삶, 원하던 모습을 떠올려 보았습니다. 그리고 그 모습을 찾기 위해 새로운 고민 길에 올라야 한다는 생각이 들었습니다. 그렇게 시작된 '경준녀를 향한 저의 고군분투기'. 함께 들어 보시겠어요? ¶

엄마가 되고 나니,
삶의 무게가 달라졌다

저는 트렌드에 민감한 소비재 회사에서 마케터로 일을 하고 있습니다. 빠르게 변화하는 시대의 니즈(Needs)를 누구보다 먼저 잡아내야 하는 것은 기본이요, 부서 간 의견 조율과 프로젝트 성과를 책임지는 컨트롤 타워 역할도 동시에 해내야 합니다. 그래서 늘 바빴고 업무에 대한 책임 또한 막중했습니다. 연차가 쌓이면 쌓일수록 더 큰 스케일의 프로젝트가 주어졌고, 보람의 크기가 커진 만큼 곱절로 늘어나는 스트레스도 감당해야 했습니다. 이렇게 당근과 채찍이 공존하는 일을 10년 넘게 반복해 왔습니다.

회사 일만으로도 스트레스가 많았던 터라 저는 아이를 낳기 전까진 오히려 '퇴사'를 입에 달고 살았습니다. 꾸역꾸역 일을 마치고 집으로 돌아오면 남편에게 "이제는 진짜 못 하겠어. 내가 이 프로젝트만 끝나면 그만둔다. 진짜야!", "이번에 진짜 그만둔다. 나 말리지 마!"라는 말을 습관처럼 되뇌기도 했습니다. 차라리 덜 벌고 덜 먹고 덜 쓰면서 사는 게 낫겠다고 생각하기도 여러 번. 이때는 아이를 낳으면 이유나 핑계를 따로 만들지 않아도 자연스럽게 퇴사에 가까워지지 않을까 하는 환상 아닌 환상을 품기도 했습니다.

하지만 아이러니하게도 아이를 낳고 나니 퇴사가 손에 닿지 않을 정도로 먼 곳으로 도망가 버렸습니다. 남편과 나, 이렇게 둘이 살 때는 "에이, 한 명이 벌어도 둘이 못 살겠어? 어떻게든 되겠지" 하며 당당히 퇴사에 대해 떠들고 다녔지만 아이가 생기고 나니 상황이 180도 달라졌습니다.

팔뚝만 한 작은 생명체 하나를 키우는 데 돈이 뭐가 이렇게 많이 드는지 처음엔 이 사실 자체를 감당하기가 힘들었습니다. 기저귀가 한 팩에 4만 원이나 하는데 심지어 하루에 기본 8개는 갈아야 한다니? 놀라운 일이었습니다. 기저귓값만

한 달에 10만 원이 넘게 나가고 분유 가격도 천차만별. 게다가 아이는 어찌나 빨리 자라는지 옷도 수시로 사야 하고, 이유식을 시작하면서부터는 매일 소고기를 사러 다녀야 했습니다.

아직 돌도 안 된 아기 한 명 키우는 데 한 달에 못해도 50만 원은 거뜬히 나가니 퇴사가 웬 말인가요. 조금이라도 더 좋은 것을 먹이고 입히고 싶은 부모의 마음은 어쩔 길이 없어 '국민 OO'이라는 수식어가 붙으면 일단 사고 보는 엄마가 되었습니다. 예전에 회사 선배들이 "기저귓값 벌려고, 분윳값 벌려고 회사 다닌다"라고 했던 말이 농담이 아니었다는 걸 뼈저리게 느낄 수 있었습니다. 그러면서 퇴사에 대한 생각도 자연스레 멀어졌지요. '아, 퇴사는 무슨 퇴사야! 회사에 최대한 오래, 단단히 붙어 있어야겠다!'라고 다짐하며 말이죠.

엄마가 되기 전에는 '언제든지 마음만 먹으면 퇴사할 수 있어!'라고 생각하며 다녔다면, 엄마가 된 뒤에는 '회사님! 저 정말 열심히 일할게요. 오래오래 다니게 해주세요!' 하는 식으로 저의 포지션이 완전히 바뀌었습니다. 아이의 존재감이 제 삶의 태도를 바꿔 놓았습니다. 삶의 무게가 달라졌습니다.

사실 저는 회사는 커리어를 쌓기 위해 다니는 곳이라고

생각했습니다. 힘들었지만 그만큼 얻는 것도 많았고 한 분야의 전문성을 오래 키우면 저만의 강점이 될 것이라 생각했기 때문입니다. 그리고 그게 사실이라고 굳게 믿었습니다. 하지만 아이를 키우면서 그러한 저의 생각과 믿음은 완전히 착각이었다는 것을 깨닫게 되었습니다. 커리어를 위해서, 경력 단절 여성이 되지 않기 위해서 일을 하고 있는 것도 어느 정도는 맞지만 사실 일을 하지 않으면 우리 가족이 먹고살기 힘들어질 것이라는 사실을 무의식적으로 알고 있었던 것입니다. 자의가 아닌, 타의로 회사를 그만두지 못하고 있었습니다.

어릴 때는 그저 멋지게만 보였던, 역량을 마음껏 뽐내며 전 세계를 누빌 줄 알았던 30대. 부자까지는 아니더라도 사고 싶은 것은 돈 아끼지 않고 팍팍 살 수 있을 줄 알았던 30대의 삶은 그저 꿈이었습니다.

현실의 저는 분유와 기저귀 가격이 조금이라도 싼 쇼핑몰을 찾기 위해 인터넷을 뒤지고, 마트에서 행사를 크게 하면 알림을 맞춰 놓고 달려가는 엄마가 되어 있었습니다. 나는 여전히 나일 뿐인데 엄마의 역할이 추가되니 이겨내야 할, 감당해야 할 삶의 무게가 많이 늘어났습니다. 이전까지 한 번도 느껴보지 못한 무거움, 하지만 꼭 짊어지고 가야 할 책임감의 무게가 제 어깨에 드리워졌습니다. 그렇습니다. 저는 '생계형 워킹맘'이 된 것이죠. 인정하기도 싫고 인정하고 싶지도 않지만, 슬프게도 현실이었습니다. ¶

생계형 워킹맘의
미래는 어디로

제가 생계형 워킹맘이라는 것을 스스로 인정하기까지는 상당히 많은 시간이 걸렸습니다. 여전히 내 일을 지키고 싶어서, 나의 커리어를 유지하고 싶어서 일하는 멋진 여성으로 보이고 싶은 자존심 때문이었습니다. 그리고 실제로 저는 제 일을 참 좋아합니다. 하나의 기획을 결과물로 실현해 내는 마케터라는 직업이 참 잘 맞았습니다.

생계형이라고 해서 다니기 싫은 회사를 억지로 다닌다거나 본인의 일을 끔찍하게 싫어한다는 의미는 아닙니다. 일을 통해 성취감 혹은 큰 보람을 느끼는 사람도 많을 것이고 저 또한 그랬으니까요. 단지 저는 생계형 워킹맘이냐, 아니냐에 중요한 기준이 존재한다고 생각했습니다. 바로, '선택할 수 있는 자유'의 유무였습니다.

내가 이 일을 좋아하고 말고를 떠나서 경제적 여건 때문에 일을 그만둘 수 없다면? 저는 이런 경우가 '생계형'이라고 생각했습니다. 자의로 일을 그만둘지 말지 선택할 수 있다는 것, 취사선택의 가능성이 있다는 것, 자유를 가지고 있는지의 여부가 참 중요했습니다. 회사생활이 내 의지로 이루어지는 것인지, 상황 혹은 타인 때문에 이루어지는 것인지가 굉장히 중요한 요소였습니다.

이렇게 생각하게 된 데는 나름의 이유도 있습니다. 회사를 오래 다니다 보니 여러 동료 혹은 선후배를 마주하게 되는데, 그중에서도 당당함과 여유가 묻어 나오는 사람이 꼭 한두 명씩 존재했습니다.

그들이 부자라서 마음 편히 회사에 다닌다거나 하는 건 아닐 겁니다. 하지만 선택할 수 있는 자유를 가진 사람들은 태도부터가 달랐습니다. 이 일이 싫으면 언제든 퇴사할 수 있다는 마음의 여유가 태도에 묻어난다고 할까요? 어떠한 상황이

닥쳐도 내 자리를 지키고 버텨 내야만 하는 사람과 아니다 싶으면 그만둘 수 있는 사람의 태도에는 차이가 있을 수밖에 없었습니다.

그래서 간혹 쉬고 싶다는 이유로 퇴사를 하는 동료들을 보며 '왜 이 안정적인 직장을 그만둔다는 거지? 이유가 뭘까?' 싶으면서도 선택을 할 수 있는 용기가 참 부럽고 대단해 보였습니다.

책임져야 하는 가족이 늘어난 후 저에게 그 선택지는 사라진 지 오래였습니다. 다른 대안이 없는 이상 무슨 일이 있어도 회사는 그만둘 수 없는 현실만 있을 뿐. 그래서 '내 일은 내가 선택해'에서 '그래도 다닐 수 있을 때까지는 버텨야 해'라고 생각이 점차 변해갔습니다.

막상 인정을 하고 난 후에는 회사 동료들에게 "저 대출금 갚으려면 한참 남아서 회사 못 나가요. 오래오래 다녀야 해요. 최대한 버티려고요!"라고 나서서 말하고 다니긴 했지만 말이죠.

하지만 인정을 하기 전까지는 돈 때문에 회사를 다닌다는 것이 너무나 창피하게 느껴졌고 그것을 누군가에게 말하는 것도 자존심이 상하는 일이라고 생각했습니다. 게다가 제 주변에는 잘 산다는 사람들이 왜 그렇게 많은지 강남에 집을 샀다더라, 부모님이 국회의원이라더라 하는 이야기가 많이 들려와 괜한 자격지심에 빠지기도 했었습니다. 어디에 사는지, 부모님 직업이 무엇인지는 회사에서 내가 이 직무를 얼마나 해낼 수 있는지와는 전혀 상관이 없는 것인데 말입니다.

지금보다 더 어린 시절의 저에겐 우리 집이 부자가 아니라는 사실을 다른 사람들이 아는 것이 참 부끄럽고 두려웠습니다. 그래서 제 자존심을 지키기 위해 나는 돈 때문에 회사를 다니는 것이 아니라 내 일이 좋아서 회사를 다니는 것이라고 그렇게 스스로를 세뇌시키고 합리화하며 다녔습니다. 하지만 계속 그렇게 버틴다고 해서 상황이 나아지는 건 아니었습니다. 마케팅 일을 좋아하는 것과는 별개로 생활을 하려면 돈도 필요하다는 것을 잘 알기에 '생계형'이라는 수식어를 받아들이게 되었습니다.

이렇게 오랜 시간을 들여 생계형 워킹맘임을 인정하고 하루하루를 열심히 살아가던 저. 그런데 이 사실을 인정한다고 해서 답답했던 마음이 확 풀리는 건 아니었습니다. 우리의 삶에는 정답이 없다고 하지만 왠지 모르게 깜깜한 터널 속에 갇혀 길을 잃을 것만 같은 느낌을 받기도 여러 번. 정답을 알려 줄 사람이 없으니 그저 주야장천 헤매는 느낌이랄까요? 생계형 워킹맘의 세계로 들어선 후의 저는 늘 이런 모습으로 살았던 것 같습니다. ¶

근로소득이 주는
달콤함의 함정

　　제 스스로를 생계형 워킹맘이라고 인정하긴 했지만 저는 그 현실에서 저를 구제해 주고 싶었습니다. 열심히 달려가면 그 끝에 오아시스가 있다는 사실을 아는 것과 아무리 달려도 사막밖에 안 보이는 건 큰 차이가 있었으니까요. 생계형 워킹맘의 의미, 내가 마주한 상황에 대해 한참을 생각해 보았습니다. 그리고 마침내 깨달은 것은, 삶의 주도권을 내 쪽으로 가져오려면 월급에만 의존해선 안 된다는 사실이었습니다.

　　아이가 태어난 후 남편과 제가 가장 크게 깨달은 점은

언제든 내 뜻대로 되지 않는 상황이 올 수 있다는 것, 내가 노력한 만큼 원하는 방향으로 흘러가지 않을 수도 있다는 것이었습니다. 그리고 회사생활이 특히나 그렇다는 것은 당연한 일이었습니다.

회사생활을 하다 보면 누구보다 빠르게 승진할 수도, 인정을 받을 수도 있지만 반대로 번아웃(Burnout)이 오거나 슬럼프에 빠지기도 쉽습니다. 저처럼 엄마가 된 동료들에게는 임신, 출산, 육아 때문에 퇴사를 선택해야 하는 순간이 오기도 합니다. 그만큼 위태로운 줄 위를 걷고 있었지만, 매달 통장에 꽂히는 월급의 달콤함에 취해 나름 잘 살고 있다고 착각하고 있었던 겁니다.

'제2의 소득을 만들어야겠다!' 회사 월급으로만 생활하던 우리 부부에게는 너무나 큰 깨달음이었습니다. 주어진 일만 열심히 하던 일개미들이라 생각의 틀을 깨는 것부터가 쉽지 않았습니다. 로또에 당첨되지 않는 한 무엇을 해도 처음부터 성과를 내기는 어렵다고 여기며 살아왔으니 오죽할까요?

그래도 마음을 먹기로 했습니다. 계속 시도하다 보면 조금씩 성과를 낼 수 있을 거라고 믿음을 다지고 또 다졌습니다. 무엇보다 퇴사 후가 아니라 회사를 다니고 있을 때 준비를 시작해야겠다고 생각했습니다. 평생을 회사밖에 모르고 살다가 퇴직금으로 할 수 있는 일이 치킨집뿐이라면 너무 허망할 것도 같고, 심지어 치킨집마저 망하면 더더욱 큰일이었기 때문입니다. 실패해도 다시 일어설 기회가 있을 때, 우리의 삶이 아직 평탄할 때 미래를 대비하는 것이 딱이었습니다.

그런데 막상 시작을 하려니 뭘로 돈을 벌어야 할지 막막했습니다. 나름 주변 지인들에게 물어도 보고 인터넷으로 검색도 해보며 알아보길 수차례. 월급 외 소득의 종류는 생각보다 다양했습니다. 부동산, 주식 등의 재테크, 유튜브나 블로그 같은 SNS를 활용한 부수입 영역, 스마트스토어나 온라인 쇼핑몰까지. 방법만 안다면, 손에만 익는다면 돈을 벌 수 있는 기회는 사방에 널려 있었습니다.

사실 이전의 저는 앞뒤가 꽉 막힌, 소위 꼰대 같은 마인드를 가진 사람이었습니다. 회사 일이 아닌 다른 일에 마음을 쓰는 것은 좋지 않다고 생각하는 면이 강했으니까 말이죠. 그래서 회사 동료가 부동산이나 주식에 관심이 많다거나, 여기서 몸값을 올려 더 좋은 곳으로 이직할 거라는 이야기를 할 때마다 옳지 않다고 생각했었습니다. 그런 동료들은 '나와는 다른 사람이다'라고 생각하며 거리를 두기 일쑤였습니다. 나중에 들어 보니 당시 동료들은 투자로 수익을 많이 냈거나 더 좋은 자리로 이직을 하는 등 삶의 기반을 잘 다지고 있었습니다. 만약 그때 마음을 열고 이야기를 귀담아들었다면 저는 훨씬 빠르게 삶의 안정을 찾을 수 있었을까요? 못해도 회사가 나를 평생 책임져 주지 않는다는 사실은 좀 더 빨리 깨달았을 겁니다.

요즘은 또 유튜버가 되어 제2의 소득을 얻는 사람들이 많은데, 평소 재테크에 관심이 많던 회사 후배가 관련 유튜버로 활동한다는 사실을 알았을 때 꽤 충격을 받았던 기억이 납니다. 회사 선배라는 명목으로 나름의 조언을 던지던 저보다 본인의 미래를 회사에만 맡기지 않고 적극적으로 준비하고 있던 후배가 훨씬 더 현명했다는 생각이 듭니다.

그렇게 삶의 방향을 재정비한 저는 제2의 월급을 만드는 방법으로 '부동산'을 선택했습니다. 전셋집에 사는 우리 가족의 미래를 위해 내 집 마련을 목표로 공부하기로 한 것입니다. 차근차근 공부해 실제 투자로까지 이어진 뒤 저는 현재 제2의 월급을 차곡차곡 쌓아 가고 있습니다. 그리고 부동산 공부 기록을 '블로그'에 쓰기 시작하면서 다양한 프로젝트를 기획해 제3의 월급을 만드는 길도 만들어 가고 있습니다.

그런데 신기하게도 소득 외 월급을 만들기 시작하니 회사 생활에 큰 변화가 생겼습니다. 전보다 더 즐겁게 일을 할 수 있게 된 것입니다. 마음에 여유가 생기니 온전히 일에만 집중할 수 있는 여유가 생긴 것이었죠. 언제 일을 그만두게 될지 모른다는 두려움과 노후에 대한 불안감이 저도 모르는 사이 서서히 극복되고 있었습니다.

월급 때문에 회사를 다닌다고 생각하면 하고 싶지 않아도 어쩔 수 없이 해야 한다는 생각이 나를 지배합니다. 그래서 일 자체에서 재미를 찾지 못하고 피로와 불만만 늘어납니다. 하지만 마음에 여유가 생기니 회사에 대한 집착이 줄고 일을 좀 더 즐길 수 있는 자세를 가지게 되었습니다. '내가 선택해서 하는 나의 일, 내가 선택해서 다니고 있는 나의 회사' 같은 느낌이랄까요? 더불어 내 삶에 대한 주도권이 비로소 나에게 왔다는 만족감도 느낄 수 있었습니다.

물론 회사생활과 육아를 병행하며 무언가를 시작한다는 건 참 어려운 일입니다. 그렇지만 회사라는 울타리가 있을 때, 고정 수입으로 경제적인 부분에 대한 걱정이 덜 할 때라면 조금이라도 편안한 마음으로 새로운 일에 도전할 수 있습니다. 빠르게 성과가 나지 않는 것에 대한 조급함, 실패 비용에 대한 두려움의 크기가 차원이 다르기 때문입니다. 해보고 나니 그 차이를 실감할 수 있었습니다.

부동산 투자, 주식 등의 재테크도 좋고 스마트스토어 등 부업을 시작해도 좋습니다. 단순히 블로그에 글을 꾸준히 써서 나를 위한 고찰을 해봐도 좋고, 경험을 살려 소소한 프로젝트를 시도해 봐도 좋습니다.

잊지 말아야 할 것은 회사에서 주는 월급에만 의존하면 안 된다는 것입니다. 삶의 주도권을 나에게 가져오기 위한 첫 걸음은 바로 월급 외 소득에 있습니다. ¶

경단녀가 아닌
경준녀로서의 시작

첫 아이를 임신하고 나서 인터넷 창에 '경단녀' 단어를 검색해 본 적이 있습니다. 경단녀라는 단어는 원래도 알고 있었지만 임신을 하기 전까진 '아, 그렇구나. 그런 말도 있구나' 정도로 생각하고 대수롭지 않게 여겼던 것 같습니다. 그때만 해도 제가 이 단어와 직접적으로 연결될 것이라고는 생각하지 못했었기 때문이겠지요.

뜻은 이랬습니다. '결혼과 육아 탓으로 퇴사해 직장 경력이 단절된 여성을 이르는 말 혹은 경력 단절 여성을 줄여 이르

는 말'. 괜히 마음이 씁쓸해져 '검색해 보지 말걸' 하는 생각이
들었습니다.

　단어 하나하나가 가슴에 콕콕 박혔습니다. 직장을 다니
고 있어서 더욱 현실감 있게 느껴지기도 했습니다. 이제는 경
단녀라는 단어가 사뭇 피부에 와닿는 말이 된 것이었죠. 나도
언젠가는 경단녀가 될 거라는 생각을 떨치기 어려웠습니다.

　그만큼 처음 임신 사실을 알았을 때 저를 둘러싼 감정은
두려움이었습니다. 물론 기쁨도 컸지만 남편이 출근하면 그동
안은 혼자 아이를 돌봐야 할 텐데 어떻게 해야 하나, 누구에
게 도움을 청해야 하나, 나도 복직하고 나면 낮에는 아이를 어
디에 맡기나 등등 일과 육아를 함께 해 나가야 하는 상황에
대한 걱정이 컸고, 둘째 아이를 가졌을 때는 그 걱정이 극대화
되었습니다.

　양가 부모님의 도움 없이 척척 해 나가는 사람들도 있지
만 쉽진 않다는 것을 알기 때문에, 그리고 함께 일하던 선배들
이 출산과 육아의 이유로 퇴사하는 모습을 계속 봐왔기 때문
에 더 겁이 났습니다.

　그제서야 '경단녀'라는 단어가 주는 불편함을 생각해 볼

수 있었습니다. 경단녀라는 단어 자체가 가진 부정적인 느낌 때문에 많은 여성들이 임신과 출산을 경험하면서 혹은 아이를 가지기도 전부터 경단녀가 될까 봐 두려움을 느낄 수밖에 없는 건 아닐까 하는 생각도 들었습니다. 저 스스로도 같은 질문을 끊임없이 던지고 있었으니까요.

'아니, 도대체 경단녀라는 말은 누가 만든 거지? 왜 이런 단어를 만들어서 수많은 여성들을, 엄마들을 겁주는 거야?'

일도 육아도 함께 지켜 내고 싶은 엄마들에게 힘이 되는 말, 희망적인 표현이 있으면 좋겠다는 생각이 들었습니다. 그리고 오랜 고민 끝에 저는 결심했습니다. 내가 그런 말을 만들어야겠다고. 나와 같은 처지의 엄마들에게 힘이 되는 단어를 만들겠다고 말입니다.

그래서 저는 '경준녀'라는 단어를 만들었습니다. 여러 경험으로 준비된 미래를 만들어 가는 여성이라는 뜻으로, 퇴사를 한다고 해서 경력이 끝나는 것이 아니라 다양한 경험을 통해 더 멋진 삶을 만들어 나가자는 의미를 담았습니다. 경단녀와는 정반대의 뜻을 가진 단어라고 생각하시면 됩니다.

워킹맘이 된 뒤로 저는 시시때때로 불안함에 시달렸습니다. 만약 내가 육아를 이유로 퇴사를 하면 나중에 다시 일을 시작할 수 있을까? 지금까지 쌓아 온 내 커리어와 경험이 모두 사라져 버리면 어쩌지? 엄마를 필요로 하는 아이들 곁에 있어 주고 싶으면서도 내가 이뤄 온 사회적 성취 또한 놓치고 싶지 않았습니다. 이런 이중적인 생각들이 마음속에서 치열하게 싸웠습니다.

그런데 '경준녀'라는 단어를 만들고 난 뒤로는 경단녀에 대한 불안감이 조금씩 걷히기 시작했습니다. 단어가 가진 긍정의 힘이 기운을 북돋아 주었고, 육아와 일 모두를 지켜 내려고 노력하는 사람들을 알게 되면서 길이 보이기 시작했습니다. 나만 이런 고민을 했던 것이 아니라 엄마라면 누구나 하는 고민이었고, 그 고민을 기회의 발판으로 삼아 가치를 만들어 나가는 여성들이 사회 곳곳에서 활약하고 있었습니다.

그래서 저도 새로운 다짐을 하게 되었습니다. 나를 경단녀가 되도록 놔두면 안 되겠다는 마음가짐으로, 조금 더 적극적으로 미래를 준비해 나가야겠다고 말입니다.

앞서 언급했던 부동산 투자와 블로그 운영 또한 경준녀가 되기 위한 일환이었습니다. 경제적인 자유와 사회적인 자유는 새로운 미래를 열기 위한 필수 조건이라고 생각했기 때문입니다. 그래서 근로소득 외에 수입을 만드는 방법과 내가 즐겁게 할 수 있는 일이 무엇일지, 내가 무엇을 잘 할 수 있는지, 무엇을 할 때 보람을 느끼는지를 찾는 '나'를 위한 여정도 시작했습니다.

이제 저는 더 이상 경단녀가 될까 봐 불안하지 않습니다. 대신 내 미래를 즐겁게 맞이할 준비를 시작했습니다. 다양한 경험으로 준비된 미래를 만들어 가는 여성, 경준녀의 길을 걸어가고 있습니다. ¶

Chapter 2.

준비편 Ⅰ
: 워킹맘의 행복한 퇴사를 위하여

아이냐, 일이냐
그것이 문제로다

워킹맘이 퇴사를 하게 되는 가장 큰 이유는 '육아'일 때가 많을 겁니다. 아이가 아프기라도 하면 지금 내가 있어야 할 곳은 우리 아이의 옆이라는 생각으로 가득 차기 때문입니다. 하지만 아이가 언제, 얼마나 아플지 알지 못하는 상황에서 그 순간만을 바라보고 퇴사를 결정한다면 모든 게 안정될 거라고 확신할 수 있을까요? 엄마가 퇴사만 하면 모든 일이 해피엔딩으로 마무리될까요?

저는 이렇게 생각합니다. 아이가 행복해야 엄마가 행복

하듯, 엄마가 행복해야 아이도 행복하다고 말이죠. '워킹' + '맘'이라는 단어만 봐도 아이가 있는 직장 여성에게 '엄마'의 직책이 차지하는 비중은 참 어마어마합니다. 절대 떨어질 수 없는 엄마와 아이의 관계. 그래서 이 관계를 잘 정립해야 엄마의 행복한 퇴사 준비가 시작될 것이라 생각합니다.

아이가 아직 어려서 엄마의 손길이 많이 필요한 순간에 워킹맘들은 선택의 기로에 섭니다. 아침 일찍 단잠에 빠져 있는 아이를 그대로 둘러업고 나와 어린이집으로 데려가면 잠에서 깨 가지 말라며 다리를 붙잡는 아이와 한바탕 씨름을 하고, 회사에서는 각종 회의와 잡무에 시달리며 일을 처리하느라 정신이 없고, 겨우겨우 퇴근해 아이를 데리고 돌아오면 홈 스윗 홈 대신 엉망진창인 집이 우리를 기다리고 있기 때문이죠.

한숨이 절로 나오는 순간입니다. 내가 무슨 부귀영화를 누리려고 이렇게까지 사나 하는 생각을 아마 모두들 한 번, 아니 여러 번 해보셨을 겁니다. 언제 이 전쟁이 막을 내릴까 하는 기대조차 사치일 뿐, 그저 하루하루를 버텨 나가는 것이지요.

둘째 아이를 낳고 육아휴직을 이어가던 어느 날 아침 새벽. 미소를 띤 채 곤히 잠들어 있는 아이들의 얼굴을 보고 있자니 생각이 많아졌습니다. 아침잠에서 깬 아이들을 번갈아 가며 어르고 달래 밥을 먹이고, 큰 애가 오줌을 싸서 뒤처리를 끝내면 이번엔 다른 애가 싸는 무한 반복의 대환장쇼를 또 시작하려니 머리가 지끈지끈 아파 왔습니다. 하지만 아이들과 아침을 함께 보낼 수 있어서 참 행복하다는 생각을 하기도 했습니다.

육아를 하다 보면 정신이 하나도 없지만 이런 시간들이 절대 당연하지 않다는 것을 알기에 조금이라도 더 알차게 보내려고 노력했습니다. 회사로 복직하게 되면 제게는 지나간 꿈 같은, 선물 같았던 시간일 것임을 알기 때문입니다. 아이들은 초등학교 저학년 때까지 엄마를 많이 찾는다는데 저는 그 시간들을 온전히 함께 해줄 수 없는 워킹맘이니까요. '회사로 복직하지 말고 그냥 애들 옆에 있을까?' 내 삶도 중요하다며 굳게 마음먹었던 게 엊그제인데 그 마음이 다시 약해지며 아이들이 제 삶의 전부처럼 느껴질 때도 많았습니다.

첫째 아이의 육아휴직 기간이 끝나 복직을 하고 난 후 참 서글펐던 때가 많았습니다. 엄마라는 사람이 우리 아이의 성장을 가장 늦게 알아차리는 존재가 되던 순간들. 집에서 아이를 볼 때는 누구보다 빠르게 아이의 변화를 알아차렸는데 말이죠. "오늘 우리 아이가 발을 뗐어! 소파를 잡고 일어섰다고!!" 호들갑을 떨며 신나 하던 엄마는 온데간데없이 사라져 버렸습니다.

특히 첫째 아이는 다른 아이들보다 성장 속도가 느려서 치아도 개월 수에 맞춰 나지 않았었는데 병원에 가서 상담을 받아야 하나 걱정하던 차에 새 이가 자라고 있는 것을 발견하곤 신이 나서 온 집안 식구들을 불러 모은 적이 있습니다. "빨리 와 봐. 이것 봐. 드디어 이가 하나 더 나오네!!!!" 그런데 신이 난 저에게 남편과 친정 엄마가 이렇게 말했습니다. "몰랐어? 일주일 전부터 조금씩 보이던데?"

이럴 수가. 복직을 한 지 얼마 안 됐을 때라 정신이 없긴 했지만 우리 아이의 변화를 내가 제일 늦게 알다니. 이후 아이가 첫 윙크를 했던 날, 만세 리액션을 했던 날 등 아이의 성장을 제가 제일 꼴찌로 알아차렸던 적이 한두 번이 아니었습니다. '일하는 엄마가 그럴 수도 있지, 뭐. 어떻게 다 내가 제일 먼저 알아챌 수 있겠어'라고 생각하면서도 마음 한구석이 쓸쓸한 건 어쩔 수 없었습니다.

하지만 가장 견딜 수 없는 순간, 가장 큰 위기는 바로 우리 아이가 아플 때였습니다. 일하는 엄마는 아이가 아프면 가장 큰 죄인이 됩니다. 곁에 있어 주지 못해 아이에게도 죄인, 업무에 집중하지 못해 회사와 동료들에게도 죄인. 저 역시 아이가 고열로 4박 5일간 병원에 입원했을 때 아이에게도, 회사 동료들에게도 미안하고 제 스스로도 너무 지쳐 힘든 시간을 보냈던 기억이 납니다.

열이 39도인 아이를 밤새 보살피며 남편과 번갈아 간호하길 며칠. 몸이 아프니 더 엄마에게 매달리는 아이를 겨우 떼어 내고 무거운 발걸음으로 출근했던 날이었습니다. 릴레이 회의를 마치고 나오니 친정 엄마로부터 부재중 전화가 여러 통 와 있었습니다. 덜컥 불안한 마음에 서둘러 친정 엄마에게 전화를 거니, 아이 열이 40도까지 올라 병원에 가 봐야 할 것 같다고 했습니다.

회사에 사정을 이야기하고 집으로 가는 지하철 안에서 아이에게 계속 미안하다고 되뇌며 엉엉 울던 저. 아이는 결국 병원에 입원해 여러 검사를 받아야 했고, 그 작은 팔에 링거를 꽂고 열과 사투를 벌이는 모습을 보고 있자니 회사에 갈 엄두가 나지 않았습니다. 이 모든 일이 다 제 탓인 것 같았습니다.

제가 옆에서 좀 더 보살폈더라면, 전화를 더 빨리 받았더라면 아이가 덜 아팠지 않았을까 자책했습니다. 그렇게 잊을 만하면 한 번씩 지옥을 경험하곤 했지요.

그제서야 회사에서 승승장구하던 롤모델 선배들이 하나둘씩 사라지던 이유를 짐작할 수 있었습니다. 마케터로서 많은 귀감이 되었던 선배들은 임신 혹은 육아를 이유로 일을 포기하는 경우가 많았습니다. 그 당시 저는 오로지 아이 때문에 모든 걸 내려놔야 한다는 게 그저 안타까웠고 답답했었습니다.

하지만 제가 엄마가 되고 보니 그 시절 선배들이 어떤 마음이었을지, 왜 그런 선택을 했는지 백번 천번 이해할 수 있었습니다. 어린아이를 키우는 워킹맘에게 위기의 순간은 생각보다 너무 자주 찾아왔기 때문입니다. 매 순간 고민과 선택의 기로에 서야 하니 사람이 지치는 건 당연한 순서였습니다.

그래서 저도 퇴사에 대한 고민을 참 여러 번 하였습니다. 저만 아이 곁에 있다면 모두가 행복할 것 같았으니까요. 하지만 고민에 대한 결론도 항상 똑같았습니다. '그만두고 싶지 않다'. 회사를 그만두고 싶지 않은 것도 있었지만 무엇보다 '내일'을 그만두고 싶지 않았습니다.

그리고 아이들이 다 컸을 때의 내 미래와 외벌이 삶에 대한 문제들이 복합적으로 얽혀 저를 괴롭혔습니다. 그렇게 어느 한쪽으로도 이렇다 할 선택을 하지 못한 채 저는 가슴 한구석에 사직서를 고이 품은 '기약 없는 퇴준생'이 되었습니다. ¶

아이를 위해 퇴사를 선택하면
엄마는 행복할까

'아이만을 위한 퇴사가 과연 행복할까?'라는 질문은 제가 스스로에게 가장 많이 던진 질문입니다. 이 질문에 대한 답을 찾기 위해 상당히 오랜 시간을 고민하고 또 고민했습니다.

워킹맘의 생활을 유지할 것인가, 육아에 집중하기 위해 퇴사를 선택할 것인가.

만약 퇴사를 결심한다면 워킹맘이었을 때의 고충은 사라질 겁니다. 아침마다 아이와 시간에 쫓기며 등원과 출근을 하지 않아도 되고 아이가 아플 때 회사 눈치 보지 않고 원하는 만큼 곁에 있을 수 있고, 그 누구에게 미안해하지 않아도 될 것입니다. 항상 마음의 짐이었던 아이와 함께 많은 시간 보내기에 양껏 몰입할 수 있고 평생 잊지 못할 좋은 추억도 많이 만들어 줄 수 있고. 그렇게 처음 몇 달은 아이에게 그동안 못 해줬던 것들을 충분히 해주며 하루하루가 행복할 겁니다.

하지만 모든 일에 행복만 있을 순 없는 법. 시간이 흐르면서 현실적인 문제에 하나둘씩 부딪히게 될 겁니다. 준비되지 않은 외벌이 생활로 수입이 절반으로 줄어들어 우리 가족의 삶이 전보다 퍽퍽해져 감을 느끼기 시작할지도 모릅니다. '엄마'는 있지만 '나'는 사라지고 있는 느낌, 내 삶인데 내가 없는 것 같은 쓸쓸함과 불안감도 느끼겠지요. 또 남자와 여자가 만나 결혼을 했는데 왜 여자만 이렇게 희생을 감수해야 하는지에 대한 억울함이 불쑥불쑥 올라오기 시작할 겁니다.

아이가 조금만 더 크면 그때는 내가 하고 싶은 일을 해야지 싶으면서도 정말 할 수 있을지, 아이 주위만 빙빙 돈다는 소위 '헬리콥터맘'이 되지는 않을지 다양한 종류의 불안감이 고개를 들 겁니다. 하나를 얻으려면 하나를 포기해야 한다지만 이 기약 없는 불안감을 견디기 어려운 것도 사실입니다.

그래서 이런 고민을 워킹맘 선배들에게 털어놓으면 으레 그렇듯 "애들이 엄마 손 필요로 하는 순간은 딱 몇 년뿐이야. 그러니까 포기하지 말고 잘 견뎌"라며 조언해 주곤 했습니다. 심지어는 제 아이들 둘을 모두 받아 주신 산부인과 담당 의사 선생님께서도 만삭 때까지 야근과 출장으로 힘들어하던 제게 비슷한 말을 하셨었답니다. 절대 퇴사하지 말라고, 5~7년이 가장 힘든데 그 시기만 잘 이겨내면 된다며 말이죠.

하지만 머리로는 알면서도 그 몇 년을 버텨 내는 것조차 너무 큰 일처럼 느껴질 때가 많았습니다. 하루가 일 년 같고 내가 버틸 수 있는 한계치에 다다른 것 같을 때 지금 당장 이 상황에서 벗어나야만 숨통이 트일 것 같으니 퇴사를 선택하게 되는 것 아닐까요?

퇴사를 고민하던 당시의 제게는 일을 그만두고 아이를 돌보는 엄마들이 참 부러웠습니다. 하지만 막상 그녀들의 이야기를 들어 보면 늘 행복하진 않다는 것, 한편으로는 더 큰 고민이 있다는 이야기를 듣곤 했습니다. "애들 밥 차려 주다 보면 내가 이걸 하려고 그렇게 열심히 살았나 하는 생각이 들곤 해.", "애들이 학교 간 시간에 파트타임 일이라도 하고 싶어서 찾아보면 경력 살려서 할 수 있는 일은 거의 없더라고."

육아로 단 몇 년을 쉬었을 뿐인데 엄마들에게 세상은 참 냉혹했습니다. 퇴사만이 능사는 아니었습니다. 힘들어도 버텨 보고 퇴사를 하더라도 꾸준히 일을 할 수 있는 뭔가를 가지고 있어야 했습니다.

'아이'만을 바라보며 쫓기듯이 한 퇴사는 모든 고민을 해결해 주는 행복의 열쇠가 될 수 없었습니다. 아이에게도 엄마에게도 행복한 퇴사 준비가 필요해졌습니다. 그러니 엄마의 퇴사는 달라야 하며, 이제는 달라질 때가 되었다고 생각합니다. 아이가 세상에서 가장 소중한 존재인 만큼 '나'라는 존재, '나'라는 사람도 그만큼 중요하니까요. ¶

아이밖에 몰랐던
첫 번째 임신과 육아휴직

저에게는 두 아이가 있습니다. 제 품에서 10달을 지내고 태어난 이쁜 아이들. 똑같이 고생하고, 똑같이 행복했던 그런 시간들이었습니다. 그런데 이 두 아이를 임신하고 출산한 과정을 살펴보면 많은 차이가 있습니다. 이 차이는 제 가치관에 상당한 영향을 끼치기도 했는데, 두 시기를 비교해 보며 임신 기간에도, 육아휴직 기간에도 원하는 일은 얼마든지 할 수 있다는 것을 말씀드려 볼까 합니다.

첫 아이. 나에게 '엄마'라는 이름이 생긴 날. 첫 아이를 낳

앉을 때 저는 회사에서 제공하는 출산휴가와 육아휴직 기간을 모두 아이에게 할애하였습니다. 복직 후 마음 놓고 아이를 맡길 수 있는 사람이 딱히 없었기 때문에 첫 돌 때까지는 직접 키우고 싶다는 마음이었습니다. 당시 저는 '엄마'라는 새로운 역할을 정말 잘 해내고 싶었습니다. 그래서 1년 3개월 동안 좋은 엄마가 되기 위해 온 정성과 열정, 시간을 아이에게만 쏟았습니다.

사실 첫 아이를 낳기 전 한 번의 유산 경험이 있었기에 더 아이에게 신경을 쏟았던 건지도 모릅니다. 처음 임신 사실을 알았을 때는 제가 그렇게까지 아기를 기다리고 있었다고 생각하지 않았었기 때문에 그저 얼떨떨하고 신기한 마음뿐이었습니다. 하지만 아이가 자리를 잘 잡지 못해 떠나보내야 했을 때 마음의 상처가 아무는 데 상당한 시간이 걸렸습니다. '내가 너무 무리를 해서 아이에게 안 좋았던 걸까?' 하는 생각을 하며 슬픔을 삭히곤 했습니다.

그 뒤에 찾아온 아이도 초기에 불안정하다는 진단을 받아 한 달간은 밥 먹을 때를 제외하고 가만히 누워 있기만 했습니다. '이번에는 엄마가 꼭 너를 지킬게. 건강히만 태어나줘'라고 빌고 또 빌었습니다.

그렇게 임신 기간 내내 조심 또 조심, 내가 하고 싶은 일보다는 오로지 아기 건강에만 집중하며 시간을 보냈습니다. 그러니 아이가 태어나고 나서도 저의 신경은 온통 아이에게 맞춰져 있을 수밖에 없었습니다. 아무도 제게 모유를 먹여야 한다고 강요한 적은 없었지만 면역력을 키우는 데 좋다는 말에 '완모' 엄마가 되기 위해 몸이 아파도 약 한 알 먹지 않고 버텼습니다.

또 요리를 잘하진 못했지만 내 아이에게는 직접 만든 이유식을 먹이고 싶어 열을 올리기도 했습니다. 사실 그 전까지만 해도 "난 요리는 못하니까 이유식은 무조건 시켜서 먹일 거야. 요즘 이유식 잘 나와서 내가 만든 것보다 나을걸!"이라고 이야기하고 다녔는데 말이지요. 완제품 이유식에서 이물질이 나왔다는 기사를 보고는 어떤 제품도 믿을 수 없어졌습니다.

그래서 말과는 다르게 직접 이유식을 해 먹이는 고행이 시작되었습니다. 남들은 30분이면 뚝딱 만들 수 있는 이유식을 완성하는 데 저는 2시간이 넘게 걸렸으니까요. 이유식을 만들어야 하는 날이면 이러다 우울증 올 것 같다고 남편에게 하소연도 많이 했습니다. 하지만 내가 아픈 것보다 아이가 아픈 건 더 참을 수 없다고 생각한 열혈 초보 엄마였습니다.

이뿐이었을까요? 조금만 쉴 틈이 나면 육아서를 꺼내 들고 엄마로서 시기별로 해줘야 하는 것들이 무엇인지, 우리 아이가 개월 수에 맞게 잘 크고 있는지, 혹여 부족한 것은 없는지 틈틈이 공부했습니다. 쪽잠을 자는 시간을 제외하고는 육아 관련 자료를 찾는 데 모든 시간을 썼습니다.

예민한 첫째 아이가 언제쯤 통잠을 자줄까 기다리며 『프랑스 아이처럼』(파멜라 드러커맨 저, 북하이브), 『똑게 육아』(로리(김준희) 저, 아우름)와 같은 책을 몇 번이나 읽고 따라해 보기도 했습니다. 밤새 한두 시간 간격으로 잠에서 깨 울어 대는 아이에게 수면 교육을 시키겠다며 1시간씩 울리다가 저도 같이 울고, 청소기 소리를 들으면 잠을 잘 잔다고 해서 새벽에 청소기를 마구 돌려 보기도 했습니다.

지금 생각해 보면 상식적으로 이해가 안 되는 부분도 많지만 당시에는 책에서 옳다고 하니 그저 열심히 따라 할 수밖에 없던 때였습니다. 그때 느꼈던 좌절감이 참 어마어마했습니다.

모든 아이는 기질이 제각각이기 때문에 책에 쓰인 일반론적 이야기가 안 맞을 수도 있는 건데 이 사실조차 이해하지 못했던 신입 엄마는 우리 아이에게 문제가 있나 하는 생각만 하곤 했습니다. 때로는 내가 제대로 따라하지 못하는 건가 자책하기도 했었습니다. 그만큼 아이에게만 집중했던 시간이었고 아이에게 최선을 다한 시간이었습니다.

하지만 그만큼 저 자신은 챙기지 못했기에 답답하고 우울한 시간이기도 했습니다. 아기는 정말 예쁘고 사랑스러웠지만 엄마로서 참고 희생하며 살아야 하는 시간들이 너무 힘들어 한밤중에 집 밖으로 뛰쳐나가기도 여러 번이었습니다.

처음 겪는 '엄마'라는 역할이 홀로 감당하기엔 벅찬 이름표였던 것 같습니다. 이 힘든 일이 이제 시작이라는 아득함은 덤이었고 말이죠. 그렇게 저의 첫 번째 임신과 출산은 제 안의 모든 에너지를 다 쏟아부은 시간이었습니다. ¶

하고 싶은 일은 다 도전했던
두 번째 임신과 육아휴직

둘째 아이를 임신했을 때는 첫째 때와는 완전히 달랐습니다. 아이에게만 집중하지 않고 제가 하고 싶은 일은 다 도전해 보며 이것저것 많은 시도를 해봤던 시간이었습니다.

둘째 아이는 전혀 예상치 못한 순간 갑자기 저를 찾아왔습니다. 첫째 아이와의 나이 차를 고려해 둘째 아이도 빨리 낳는 것이 좋다고 생각하긴 했지만 사실 아이 하나 키우기도 버거웠던 때라 두 아이의 엄마가 될 자신은 없었을 때였는데 말입니다. 그 와중에 회사에선 중요한 프로젝트를 맡게 돼 막

바빠질 시기였고, 부동산 투자 공부를 시작한 지 1년밖에 되지 않아 흥미를 붙이고 여기저기 돌아다니고 싶을 때였습니다.

이렇게 바쁠 때였던지라 '지금 상황에서 둘째를 임신하는 건 안 될 것 같아. 때가 아니야'라고 생각했습니다. 저보다도 더 둘째 아이를 원했던 남편에게도 조금 더 시간을 갖자고 이야기했습니다. 그런데 지금이 아니면 절대 우리 가족이 될 수 없을 것이라고 생각했는지 한 달 후 저는 임신을 하게 되었습니다.

'아. 큰일 났다. 나 이제 어떡하지…?' 임신테스트기를 처음 봤을 때 든 생각이 딱 이랬습니다. 아이를 가진다는 건 그 자체로 축복이고 너무나 감사한 일임에도 큰일 났다는 생각이 가장 먼저 들었습니다. 아이 하나 키우는 것도 이렇게 벅찬데 아이가 둘이 되면 제 손과 발이 꼼짝없이 묶이게 될 것이 너무나 확실했습니다. 나의 자유가, 나의 시간이 지금보다 더 없어질 것이라는 생각부터 들었습니다.

하지만 계속 부정적인 생각만 할 수는 없는 법. 아이가 태어나면 제약은 더 커질 수밖에 없었습니다. 그러니 우선 아이가 배 속에 있을 때만이라도 무리하지 않는 선에서 하고 싶은 것은 다 해보자는 생각이 들었습니다.

지금 생각해 봐도 이 시기에 저는 참 다양한 활동을 하며 지냈던 것 같습니다. 임신 7개월 차에는 반차를 내고 블로그 강의를 들으러 가보기도 하고, 임신 8개월 차에는 좋아하는 출판사의 독자 에디터에 도전해 에디터 발대식에 참석하기도 했습니다.

출산 직전에는 유튜브 영상 제작 기법을 배우러 다니기도 하고, 학군 전문가 심정섭 선생님이 진행하는 부동산 임장(투자하고 싶은 지역을 직접 둘러보는 일)에 만삭의 몸으로 참여하기도 했습니다. "임신 중이신데 임장 가도 괜찮으신가요?" 진행하시는 분이 걱정을 많이 하셨지만 저는 오히려 "그럼요. 저 지금도 산책하듯 임장 다니고 그래요. 천천히 걸으면서 이야기 듣다가 힘들면 제가 알아서 쉴 테니 걱정하지 마세요"라고 말씀드리며 나름대로 시간을 잘 즐겼습니다. 그 모습에 선생님도, 임장 프로그램에 참석하신 분들도 모두 대단한 열정이라고 놀라워했습니다.

저의 왕성한 활동에 주변 사람들은 "왜 애 엄마가, 왜 임신한 사람이 그렇게까지 해? 힘들지 않아?"라며 걱정을 해주기도 하고 이해하기 어렵다는 반응을 보이기도 했습니다. 하지만 저는 임신의 영향으로 변화하는 몸에만 신경 쓰느라 울적하고 힘들었던 첫 번째 임신 때보다 오히려 즐겁게 이 시기를 보낼 수 있었습니다. 다양한 도전들로 저의 관심이 여러 곳에 분산되니 몸도 덜 아프게 느껴졌고 힘도 덜 들었습니다.

육아휴직 때는 또 어땠을까요? 이때마저도 첫 번째 육아휴직 때와는 많은 부분이 달랐습니다. 출산 직후, 조리원에 있던 저는 우연히 오프라인 스터디 플랫폼에서 부동산 초보 스터디 길잡이를 선발한다는 소식을 알게 되었습니다. 그리고 당연하게(?)도 지원서를 작성하기 시작했습니다. 아기가 100일이 될 때까지는 힘들지 않을까 싶었지만 하고 싶은 마음이 너무 컸고, 마음이 가는 대로 해보자라는 생각에 바로 지원을 했던 것이죠. 정말 운이 좋게도 제가 길잡이로 선발되어 이후 부동산 초보 스터디를 이끄는 길잡이로 열심히 활동했습니다.

두 아이의 육아, 심지어 신생아 육아를 함께 하면서 다른 일을 한다는 것 자체가 체력적으로 쉽진 않았습니다. 하지만 제 정신적인 성취감과 보람이 그 피로를 이겨 낼 수 있게 도와주었습니다. 그리고 신기하게도 육아에만 집중했던 첫 번째 육아휴직 시기보다 육아 스트레스가 덜했습니다. '나'에게 집중하는 시간과 '육아'에 집중하는 시간이 철저히 분리되었기 때문에 육아를 더 즐겁게 할 수 있었던 것 같습니다. 육아에서 잠시 벗어나 제가 좋아하는 일을 할 수 있었던 그 시간들이 저에겐 피로회복제와 같았습니다.

첫째 아이를 키울 때도 보람과 행복을 느끼지 못했던 건 아닙니다. 하지만 '나'로만, '나'를 위해서만 살아왔던 사람이 갑자기 '엄마'가 되었다고 그 모든 걸 내려놓기란 쉽지 않았습니다. 희생과 인내를 강요당한다는 느낌이 저를 우울하게 만든 것도 사실입니다.

둘째 아이를 키울 때는 이런 점들을 여러 외부 활동들로 보완했는데, 확실히 첫째 아이 때처럼 울면서 뛰쳐나가거나 상실감, 우울함을 느낀 시간이 줄어들었습니다. 육아에 스터디 준비까지 하느라 시간을 더 잘게 쪼개 써야 했기 때문에 우울할 틈, 시간조차 없긴 했지만 말이죠. 즐거운 노동의 시간이었습니다.

저에게 두 번째 육아휴직은 엄마로서 희생을 감수했던, 엄마로만 살아야 했던 첫 번째 육아휴직 때와 달리 엄마도 아이도 함께 성장한, 소중한 시간이었습니다. 그리고 아이를 키우면서도 내 꿈을 찾아 나갈 수 있다는 가능성을 알게 된 뜻깊은 경험이기도 했습니다.

아이를 키우는 엄마는 무조건 자신을 내려놓아야 한다고, 희생해야 한다고 생각하지 않습니다. 제 스스로가 그러지 않아도 된다는 것을 몸으로 체험하고 느꼈기 때문입니다. 육아 휴직 기간도, 임신 기간도 얼마든지 엄마와 아이가 함께 성장하는 시간으로 채울 수 있습니다.

그러니 많은 엄마들이 어린 아기를 키우려면 무조건 희생을 감수해야 한다고 생각하지 않았으면 좋겠습니다. 임신과 출산, 육아의 시간을 아이와 엄마가 함께 성장하는 시기로 보낸다면 더 큰 가치를, 더 큰 행복을 찾을 수 있다는 걸 함께 알았으면 좋겠습니다. ¶

엄마가 행복해야
아이도 행복하다

이렇게 상반된 두 번의 육아휴직 시간을 보낸 후 제가 확실하게 깨달은 것은, 건강한 육아를 하기 위해서는 엄마인 내가 먼저 행복해야 한다는 것이었습니다. 아이와 24시간 붙어지내는 엄마의 감정이 아이에게 전달되지 않을 순 없습니다. 그러니 행복하지 않은 엄마에게선 행복한 아이가 키워질 수 없다는 사실을 깨달은 것이죠.

하지만 이런 결론을 내기까지 저도 참 많은 내적 갈등을 겪었고 이 길이 맞는 것인지, 내가 너무 욕심을 부리고 있진 않은지 고민이 될 때도 있었습니다. 아직은 혼자 힘으로 뭔가를 할 수 없는 어린아이를 키울 땐 아무리 노력해도 해결되지 않는 물리적인, 시간적인 한계가 존재했기 때문입니다.

한 번은 이런 일도 있었습니다. '하루에 한쪽 글쓰기'라는 공통의 목표로 글쓰기 프로그램에 참여한 사람들과의 오프라인 모임이 있던 날이었습니다. 소식이 뜨자마자 저도 너무 참석하고 싶어서 마음이 콩닥거리기 시작했습니다. 두 아이 육아로 외출이 자유롭지 않다 보니 집에만 있는 날이 많았는데 이번 기회에 바람을 쐬고 싶다는 마음이 한없이 커졌습니다.

하지만 모임은 평일 저녁 7시, 강남에서 열릴 예정이라 남편이 제때 퇴근을 해줘야 저도 모임에 참석할 수 있는 상황이었습니다. 그래서 출발해야 하는 시간이 다가올수록 느낌적으로 알 수 있었습니다. '아, 이번 모임에 참석하긴 힘들겠구나' 하고 말이죠. 내심 기대를 많이 했는지 조금 늦을 것 같다는 남편의 전화를 받자마자 서운함이 확 밀려왔습니다.

'갓난쟁이를 키우면서 이것저것 하고 싶은 마음은 역시나 욕심일까? 나도 임장 마음껏 다니고 싶고, 모임에 나가서 사람들과 의견도 나누고 싶고, 운동도 편하게 하고 싶은데. 배우

고 싶은 게 아직도 많은데…'

엄마이기보다는 '나'라는 사람이 하고 싶은 일과 '엄마'여서 포기해야 하는 일들, 그리고 시간들. 이 두 가지 생각이 머릿속에서 매일 충돌하며 싸우고 또 싸웠습니다. 그런 제게 누군가는 이렇게 말했습니다. "아이가 아직 어리다면 묵언수행하듯이 나를 내려놓아야 해요. 나를 참고 희생하는 시간이라고 생각하고. 아이가 다 크면 얼마든지 할 수 있으니 그때 하세요."

하지만 두 아이가 초등학생이 되려면 앞으로 8년이라는 시간이 더 흘러야 하는데 그때까지 나를 희생하는 것이 정말 정답일까요? 내가 지금 하고 싶은 일들을 잘 담아 두었다가 꾹 참고 8년 뒤에 꺼내 보면 그때도 이 열정이, 하고 싶다는 마음이 유효할까요? 나를 내려놓고 희생하며 하는 육아가 진정 행복으로 다가올까요?

이러 저러한 생각들을 한참 하고 나니 어느 순간 생각이 정리되며 머릿속이 깨끗해졌습니다.

'나는 엄마이기도 하지만 나는 '경준녀 썸머'이기도 하다. 내가 행복해야 육아도 행복하게 할 수 있다. 꿈꾸는 엄마, 작은 거라도 하나씩 이루어 가는 엄마. 그 모습을 통해 아이들은 더 큰 것을 배울 수 있다.'

똑같이 주어진 시간 내에 해야 하는 일과 하고 싶은 일까지 다 해내려면 힘든 건 사실입니다. 시간을 쪼개고 머릿속을 쪼개어 이유식을 만드는 방, 아이들과 재미있게 놀아 주는 방, 엄마가 하고 싶은 일을 구상하는 방, 실행하는 방 등등을 만들어 놔야 조금이라도 더 집중할 수 있기 때문입니다.

하지만 그럼에도 불구하고 저는 지금이 훨씬 활력 있고 행복하다고 느낍니다. 하고 싶은 일에 몰입하고 나서 아이들과 놀아줄 때 훨씬 즐겁게 아이에게 집중할 수 있으니까요.

물론 정답은 없습니다. 하지만 저는 이제 말할 수 있을 것 같습니다. '엄마'와 '나'를 함께 챙기며 성장하는 삶은 쉽지 않지만 인생이 더 행복해지는 길임에는 틀림없다는 것을 말입니다.

그러니 육아를 하는 동안 하고 싶은 일을 한 가지라도 찾아 시도해 보세요. 엄마가 되는 것은 나를 희생하는 시간이 아니라 아이와 함께 성장하는 시간이니까요. 독서든, 블로그든, 부동산 투자 공부든, 작은 것 하나라도 나를 위한 일을 하셨으면 좋겠습니다. '엄마'가 아닌 '나'를 위한 시간이 우리에게는 꼭 필요하다고 생각합니다.

이것은 욕심이 아닙니다. 이제는 압니다. 행복해지기 위한 길이라는 것을. 쉽지는 않지만 행복해지기 위해 한 걸음씩 함께 나아가 보았으면 합니다. 엄마가 행복해야 아이도 행복하다는 것을 여러분도 느끼셨으면 좋겠습니다.

퇴사 준비는
철저하게

워킹맘이 된 저의 엄마생활과 회사생활은 참 딜레마 투성이입니다. 육아도 잘 하고 싶고 회사 일도 잘 하고 싶은데 실질적으로는 그렇게 할 수 없는 상황이기 때문입니다. 엄마로서도 50점, 회사원으로서도 50점인 것 같은 무엇 하나 제대로 되는 것 없이 발만 동동대는 삶.

마음속으로는 몇 번이나 사표를 썼는지 모릅니다. 급한 일만 끝내고 서둘러 아이를 데리러 가는 길. 과거의 제 모습이 떠올라 '아, 내가 소싯적에는 일 잘한다는 이야기 정말 많이 듣던 사람인데…' 하며 지난날을 그리워하기도 하고, '혹시 이 보고서를 내일 급하게 찾으면 어쩌지? 나 진짜 아이 핑계 대고 싶지 않은데…'라며 유능했던 내가 무능한 사람이 되어 버린 느낌을 받을 때도 있었습니다. 그래서 자꾸만 퇴사 생각이 불쑥불쑥 튀어 올라오고, 너무 지칠 때면 "됐다. 그냥 때려치우자. 될 대로 되라지, 뭐"라고 생각할 때도 많았죠. 물론 매번 같은 고민을 하고 같은 결론을 내리긴 합니다. 흔들리는 제 마음을 다잡는 것도 반복되는 일과 중 하나였습니다.

그리고 그때마다 저를 다시 일어나게 해준 건 당연히 두 번의 육아휴직 경험이었습니다. 참으로 아이러니합니다. 아이 때문에 고생을 하는데 아이 덕분에 제가 멈추지 않고 앞으로 나아갈 수 있으니 말입니다.

아이와 함께 보내는 시간이 많으면 더 좋겠지만 시간의 양이 중요한 것은 아니었습니다. 오히려 잘못된 방식으로 아이에게 집착하면 더 안 좋은 영향을 미칠 수 있습니다. 무엇보다 아이를 잘 키우고 싶은 만큼 나 스스로를 돌보는 시간도 중요하다는 것을 이제는 잘 알고 있습니다.

첫 아이의 성별이 아들임을 알게 된 날, 저녁에 남편과 이런 이야기를 나눈 적이 있습니다.

"나 나중에 아들한테 엄청 집착하는 엄마가 되면 어떡하지? TV 드라마 보면 아들을 너무 사랑해서 엄마가 며느리 미워하고 아들한테 집착하고 이런 내용 진짜 많잖아~"

"자기는 조심해야 해. 한번 빠지면 너무 빠지는 경향이 있어서. 흐흐흐. 완급 조절을 잘해야 할 것 같아."

"맞아, 그런데 그렇게 아들한테 집착 안 하려면 너무 우리 아이만 바라봐서도 안 될 것 같아. 아이가 클 때는 필요한 것도 다 지원해 주고 사랑과 응원도 아낌없이 줄 거지만, 다 큰 뒤에도 아이만 바라보는 삶을 살 순 없어. 나이가 들어도 내가 좋아하는 일을 하느라 바쁜 엄마가 되어야 아이한테 집착을 덜 할 수 있을 거야."

"그래. 너무 아이 중심적인 삶을 살기보다는 우리 부부가 중심이 되는 삶을 사는 게 아이한테도 좋은 본보기가 될 거야. 엄마 아빠가 행복한 삶. 그걸 보면서 아이도 많이 배울 것 같은데?"

"맞아. 그러니까 혹시라도 내가 아이 일로 좀 과하게 반응한다 싶으면 꼭 당신이 얘기해 줘야 해!"

이때 나눴던 대화도 그렇고, 제가 직접 경험해 본 것까지 합쳐 보았을 때 결국 중요한 건 엄마만의 삶이 있어야 한다는 것이었습니다.

퇴사에도 육아의 기준이 똑같이 적용된다고 생각합니다. 엄마가 충분히 준비되지 않았는데 아이를 위한다는 이유로 갑자기 퇴사를 하면 어떨까요? 준비되지 않은 퇴사로 엄마가 우울하거나 힘들어하는 모습을 보인다면 아이는 그 누구보다 빠르게 엄마의 아픔을 눈치챌 겁니다. 단순히 엄마가 옆에 있다고 해서 아이가 무조건 행복한 건 아니니까요.

그러니 퇴사를 하고 싶다면 아이의 미래뿐만이 아니라 엄마의 미래도 함께 철저히 준비해야 합니다. 내가 좋아하는 것이 뭔지를 찾고, 육아와 함께 어떻게 실천할 수 있을지 방법을 안다면 우리는 기분 좋은 퇴사에 한 발자국 더 다가설 수 있습니다.

엄마가 즐거운 일을 하면서 반짝일 때 아이도 행복할 수 있습니다. 엄마를 보면서 함께 꿈을 찾는 아이는 도전하는 아이로 커 나갈 수 있습니다.

저는 언젠가 제가 퇴사를 하게 되더라도, 육아와 일을 동시에 하며 내 재능도 나눌 수 있는 행복이 많은 엄마가 되고 싶습니다. 그래서 그날을 기쁘게 맞이하기 위해 오늘도 퇴사 이후의 삶을 열심히 준비하고 있습니다. 엄마 스스로를 위해서도 우리의 아이를 위해서도 엄마의 철저한 퇴사 준비는 필수니 말입니다. ¶

Chapter 3.

준비편 Ⅱ
: 워킹맘의 당당한 미래를 위하여

내가 진짜로
하고 싶은 건 뭘까?

    나의 행복을 찾기로 결정한 후, 저는 조금 더 적극적으로 미래를 준비해야겠다고 생각했습니다. 지금 당장 일을 그만둘 생각이 없더라도 언젠가 다가올 그 날을 대비해 경단녀가 아닌 경준녀가 되고 싶었습니다.

    그렇다면 이제 저는 무엇부터 해야 할까요? '나'부터 행복해야 한다는 건 알지만 어디서부터 시작해 어떤 식으로 진행해야 할지는 전혀 알 수가 없었습니다. 왜냐하면 내가 진짜로 원하는 게 뭔지가 불분명했기 때문입니다.

그래서 저는 워킹맘으로서 현재 처한 상황을 제대로 직시해 보기로 했습니다. 아무런 계획 없이 열정만 앞선다면 그 일은 분명 실패할 수밖에 없을 겁니다. 올바른 지향점이 있어야 흔들리지 않고 앞으로 나아갈 수 있을 테니까요.

제가 가장 먼저 했던 일은 나를 돌아보는 일이었습니다. 내 안에서 자꾸만 생겨나는 의문들에 대해 스스로 답을 구하지 않으면 분명 아주 작은 돌뿌리에도, 살짝 불어오는 바람에도 영향을 크게 받을 것이 분명해 보였습니다.

제가 저 자신에게 처음 했던 질문은 이런 것이었습니다. '육아와 일 모두 잘 해낼 수 있는 방법이 있을까? 만약 둘 중 하나를 포기해야 한다면 뭘 선택해야 하지?' 질문은 계속 해보지만 답을 찾지 못하고 머릿속만 점점 복잡해져 갔습니다. 그래서 더 간결하게 핵심만 정리해 보기로 했습니다.

'내가 진짜로 원하는 건 뭐지? 나는 뭘 하고 싶은 거지?'

그리고 이 질문을 들었을 때 떠오르는 생각을 적어 내려가 보았습니다.

일단 내가 뭘 하려고 해도 우리 아이들 문제가 제일 크지. 아이들을 맡길 곳이 마땅치가 않아. 우리 부모님들도 아직 일하고 계시니까 부탁을 드릴 순 없고, 그렇다면 도우미 이모님을 구해야 하나? 근데 좋은 이모님을 구할 수 있을까? 남편과 나, 둘 중 한 명이라도 야근을 해야 하는 상황이 생기면 어떡하지? 모르는 사람에게 우리 아이들을 덥석 맡기고 싶진 않은데…. 아이들을 내가 직접 키울 수 있으면 좋겠다. 근데 그럼 나는 육아에만 전념하고 싶은 걸까? 육아 때문에 퇴사를 하고 싶은 걸까? 다른 이유는 없나?

여기까지 적어 보았을 때, 저는 마지막에 한 질문의 답만은 그 어떤 질문보다 빠르게 찾을 수 있었습니다. 육아 때문은 아니라는 것이 너무 명확했기 때문입니다. 아이를 내 손으로 키우고 싶긴 하지만 전업주부를 하고 싶지는 않은 마음이 너무도 선명했습니다. 그 마음에는 제 집안일 능력치도 어느 정도 반영되어 있을 거라고 생각합니다. 저 스스로도 제가 요리나 집안일을 잘 못한다는 걸 인정하기 때문입니다.

집안일에도 연습이 필요하다는 건 알지만 저는 이상하게 해도 해도 실력이 늘지 않는 일이 집안일이었습니다. 결혼 전까진 과일 한 번 깎아 본 적이 없었던지라 결혼 후 어른들의 집에 갈 때마다 난처했던 기억이 납니다. 과일을 제대로 깎지 못해 남편에게 SOS를 치기도 하고 귤이라도 먹기 좋게 까두자 해서 미리 까 둔 귤은 겉이 바짝 말라 제맛을 잃곤 했습니다. 아이들 이유식을 만들 때는 야채를 다듬고 채 써는 데만 한 시간이 넘게 걸려 그대로 놔두고 도망가고 싶었던 기억도 납니다.

엄마라면 왠지 집안일을 척척척 해내야 할 것 같은데 저는 아직까지도 해야 하니까 요리를 하는, 해야 하니까 집안 정리를 하는 엄마일 뿐입니다. 집안일도 결국 하나의 일이니 누구나 잘할 순 없는 것이라고 생각하며 위안을 얻곤 했는데, 전업주부가 된다면 저는 그 일터에 적응하는 데 참 오랜 시간이 걸릴 것이었습니다.

그렇다면 계속 회사에 남고 싶은 건지를 생각해 볼 차례입니다. 저는 이름만 대면 알 만한 대기업에서 10년 넘게 일을 해왔습니다. 나름대로 인정도 받고 여러 프로젝트도 성공시켜 보았는데 그럼 이 일에 대한 저의 능력치는 어느 정도나 될까요? 내 이름 앞에 회사 이름이 빠진다고 생각했을 때 그 위치를 헤아리기가 참 어려웠습니다.

고객이 원하는 제품을 기획하고 만들고 브랜드를 알리는 일을 해왔지만 '나'라는 사람을 상품으로 생각해 보았을 때 객관적으로 어느 정도의 능력을 가졌는지, 그 능력을 어디에 어떻게 쓸 수 있는지도 알 수 없어 답답했습니다. 그리고 언젠 간 퇴사를 해야 할 텐데 내가 몇 살까지 다닐 수 있을지, 그렇다면 더 좋은 조건의 회사로 이직을 하고 싶은지도 생각해 보았을 때 생각처럼 쉽지도 않을 뿐더러 정답은 아닌 것 같았습니다.

'그래, 내가 정말 하고 싶은 일. 내가 그동안 미뤄 왔던, 숨겨 왔던 진짜 욕망을 한 번 들여다보자. 엄마이기 전에 내가 진짜 하고 싶었던 일은 뭐였지? 그 일을 어떻게 하면 실현할 수 있을까? 그 방법부터 찾아봐야겠어!'

이렇게 제 마음속의 욕망을 들여다볼 준비를 끝내니 그 제야 시야가 맑게 개는 느낌이었습니다. 그동안은 현실에 치여 마음 한쪽에 깊이 묻어 두었는데 그걸 다시 꺼낼 생각을 하니 두근거리기도 했습니다.

동시에 저를 이루는 이 세계, 저를 감싼 주변 울타리를 똑바로 바라보기 시작했습니다. 대학을 가기 위해서, 취업을 하기 위해서가 아니라 '나'라는 사람이 좋아하는 일이 무엇이고 잘하는 일이 무엇인지, 어떠한 일을 할 때 보람을 느끼는지에 대한 고민을 적극적으로 해보기 시작했습니다. ¶

오늘의 시작이
다른 내일을 만든다

제가 저의 내면을 들여다보며 찾은 욕망은 크게 두 가지였습니다. '내 집 마련'과 '사회적 관계 맺기'. 우선 전셋집을 전전하는 우리 가족의 안전한 보금자리를 만들고 싶었고, 평소 사람 만나기를 좋아하는 제 성격을 반영해 새로운 일에 도전해 보고 싶었습니다.

그런데 산 넘어 산이라고 역시 일과 육아, 경제적 자유와 사회적 자유 준비까지 하려니 시작부터 강도 높은 도전이었습니다. 그래서 초반에는 '아, 내가 첫째 아이를 낳기 전에 재테크에 관심이 있었다면 얼마나 좋았을까? 5년 전부터 블로그를 시작했다면 더 열심히 할 수 있었겠지? 결혼하기 전엔 퇴근하면 모든 시간이 다 내 것이었는데! 그때의 나는 뭘 하고 있었지? 진작에 시작했으면 더 잘할 수 있었을 텐데. 지금쯤이면 훨훨 날아다니고 있었을 텐데…'와 같은 생각을 자주 하며 과거의 나를 꾸짖고 후회하기도 여러 번이었습니다.

그런데 '뭐든지 다 때가 있다'는 말처럼, 막상 그때를 돌이켜 보면 당시의 제게는 회사 일이 전부이기도 했습니다. 지금 같아서는 퇴근 후 자유시간이 주어지면 뭐라도 할 의지가 불타오르지만 그때의 저는 회사 일이 주는 피로감에 억눌려 아무것도 할 수 없었습니다.

새로운 사회에 적응하느라 항상 긴장한 채로 일을 하다가 제시간에 일을 다 끝내지 못하면 집으로 가져와 주말 밤낮 할 것 없이 일하기도 했습니다. 그만큼 회사에 대한 스트레스가 지금보다 컸던 것이죠. 휴식 없이 일을 하고 나면 쉴 때는 최대한 아무것도 하지 않기 위해 최선을 다했습니다. 침대에 누워서 하염없이 뒹굴거나 예능 프로그램을 보며 머릿속을 비우기 위해 애썼던 것 같습니다. 당시의 제게는 회사 일 외에 다른 일을 시도할 체력도, 의지도 남아 있지 않았던 것입니다.

그리고 생각해 보면 오늘날 제가 경제적 자유와 사회적 자유를 이뤄야겠다고 마음먹게 된 계기는 그 당시엔 전혀 알지 못했던 지금의 상황이 만들어 준 욕망 덕분입니다. 지금이 아니면 떠올릴 수 없었을 소망들이고, 지금의 저이기에 시도할 수 있는 일들이기도 합니다. 결혼 전에는, 아이를 낳기 전에는 깨닫지 못했을 것들이지요.

그래서 저는 생각을 바꾸기로 했습니다. '늦은 일은 없다. 지금 나한테 필요한 일이라서 시작할 수 있는 것이다'라고 말이죠. 저 역시 과거에 머물러 있는 나를 현재로 데리고 와 지금 할 수 있는 일에 집중하게 만드는 데 한참의 시간이 걸렸습니다. 하지만 한번 깨닫고 나니 '시작하기에 늦은 때란 없다'라는 말에 깊이 공감하게 되었습니다.

그리고 세상에는 진짜로 시작을 하는 사람과 생각만 하고 시작은 하지 않는 사람이 있다는 걸 떠올렸을 때 저의 시작은 늦은 게 아니었습니다.

32살에 시작하든 35살에 시작하든 40살에 시작하든 지나고 보면 아주 작은 차이일 뿐이었습니다. 그래서 나보다 빨리 시작한 사람을 바라보며 부러워만 할 것이 아니라 지금 시작하고자 마음먹은 나를 기특하게 여기며 앞으로 나아가기로 했습니다.

제가 처음 부동산 투자 공부를 시작하기로 마음먹었을 때 이미 집값은 오를 대로 올랐다고, 사야 할 시기는 다 지나 갔다고 탓하며 시작하지 않았다면 지금의 결과를 얻진 못했을 겁니다. 블로그를 시작할 때 글 하나 올리는 데도 생각보다 시간이 오래 걸린다며 포기해 버렸다면 제게 영감을 주는 사람들을 만날 기회도, 사회적 자립의 가능성도 얻지 못했을 것입니다.

단순히 아는 데서 그치지 않고 실행에 옮기는 것. 시작을 만드는 것은 굉장히 어려운 일입니다. 그래서 내가 시작하지 못한 일들에 엄두가 안 날 때도 많습니다.

하지만 마음속에 있던 것을 실행하기 위한 노력을, '시작'이라는 것을 한다면 오늘의 시작이 다른 내일을 만들 수 있다는 사실을 함께 기억해 주셨으면 좋겠습니다.

무엇이라도 시작하는 사람에게, 준비하고 있는 사람에게는 기회가 하나라도 더 생기기 마련입니다. 행운의 여신은 우리를 그냥 지나치지 않습니다. 작은 시작과 시도의 점들이 모여 새로운 기회를 만들고, 그 기회들이 모여 여러분에게 분명 기분 좋은 결과를 가져다줄 것입니다. ¶

워킹맘의 시간은
2배속으로 흘러간다

아이 둘을 키우면서 이전에는 당연했던 것이 사실은 당연한 것이 아니었다는 걸 깨달을 때가 있습니다. 저에게는 그것이 바로 '시간'이었습니다.

아이를 낳기 전에는 회사 업무 외 시간이 온전히 나의 것이었습니다. 여차하면 출근 전에 학원을 다닐 수도 있었고 퇴근하면서는 어떻게 하루를 마무리할까 즐거운 고민에 휩싸이곤 했습니다. 배우고 싶은 게 생기면 배우러 가면 되고, 친구가 만나고 싶으면 만나면 되고, 읽고 싶은 책이 생기면 읽으면 되고. 내가 무엇을 우선순위에 두느냐에 따라 그것을 선택하기만 하면 되었습니다.

하지만 워킹맘이 되고 나니 하루 중 내 마음대로 쓸 수 있는 시간은 아주 극소량에 불과했습니다. 처음에는 낙담이 심했습니다. 제 인생인데 그 인생 안에 제가 없는 것 같았습니다. 그래서 무언가를 해 볼 용기도 나지 않았습니다.

그렇지만 하고 싶은 일이 생긴 이상, 더 이상 외부의 한계를 탓할 순 없었습니다. 탓할 시간에 1초라도 더 내 시간으로 만들어야 하니 말이죠. 그래서 나한테 쓸 수 있는 시간이 객관적으로 얼마나 될지 알기 위해 일단 제 하루가 어떻게 흘러가는지 찬찬히 살펴보았습니다.

일단 저는 회사를 다닐 땐 아침부터 출근 준비에 아이들을 챙기느라 정신이 없고 출근을 하고 나서는 일하느라 시간이 어떻게 가는 줄 모릅니다. 퇴근하고 나서는 온종일 저를 기다렸을 아이를 위해 함께 시간을 보내느라 정신이 없습니다. 낮 동안 아빠 엄마를 기다린 아이에게 하루 중 가장 신나는 시간은 밤입니다. 그래서 잠을 자야 할 시간이 훌쩍 지났는데도 계속 놀아 달라고 조릅니다. 저는 아이를 빨리 재우고 내 시간을 갖고 싶지만 아이는 엄마의 속을 아는지 모르는지 밤

11시가 넘어야 겨우겨우 침대로 가는 것을 승낙해 줍니다. 그리고 진짜 잠이 들기까지는 또 한 시간이 더 흘러야 하죠. 그렇게 아이를 재우고 나면 내 시간이고 뭐고 감기는 눈꺼풀을 그냥 놔둘 수밖에 없습니다. 정말 온전한 내 시간이라고는 회사로 출근하고 집으로 퇴근하는 그 잠깐뿐이었습니다.

둘째 아이를 출산하고 육아휴직 기간에 들어갔을 땐 이 패턴이 많이 달라졌을까요? "아니요". 1초의 망설임도 없이 대답할 수 있습니다. 아이가 둘이 되니 더더욱 시간은 제 것이 아니었습니다.

엄마가 온종일 집에 있으니 첫째 아이가 신이 난 건 너무 당연했습니다. 집에 있는 것이 너무 좋아 어린이집 등원 시간이 1시간씩 늦어지기 일쑤였고, 큰 아이가 등원하고 나면 돌도 안 된 둘째 아이 육아에 빨래, 청소, 설거지까지 해야 할 일들이 산더미였습니다.

어느 정도 정리를 끝내고 한숨 돌려 볼까 싶으면 큰 아이의 하원 시간이 다가왔습니다. 워킹맘은 워킹맘대로, 육아맘은 육아맘대로 온전한 내 시간 만들기가 정말 하늘의 별 따기였습니다. "아! 내 하루인데 나를 위한 시간은 왜 하나도 없는 거야!"라고 소리쳐도 바뀌는 건 없었습니다.

차분히 앉아서 무언가에 집중할 수 있는 시간적 여유를 찾기가 정말 너무 힘들었습니다. 그래서 결국 제가 고안해 낸 방법은 '틈새시간'과 '몰입시간'이었습니다. 하루 중 아주 조금이라도 나만의 시간을 갖기 위한 필사적인 노력 끝에 저만의 시간을 갖는 방법을 찾아낸 것이죠.

틈새시간과 몰입시간은 그 성격이 완전히 다르기 때문에 효율을 최대로 뽑아내기 위해 할 일을 따로따로 구분해 진행했습니다. 이러한 시간 관리는 저에게 있어 최고의 방법은 아닐지언정 최선의 선택이었습니다. 이 시간들을 통해 아주 조금의 시간이라도 알뜰하게 사용할 수 있었고, 이 시간들이 쌓여 지금의 제가 있는 것이라고 생각합니다.

그래서 이 방법들이 다른 분들에게도 도움이 되었으면 하는 마음으로 소개를 해볼까 합니다. ¶

엄마의 효과적인 시간관리
: '틈새시간' 과 '몰입시간'

¶ 인풋을 하는 틈새시간

틈새시간은 말 그대로 주요 업무 사이에 짧게 생긴 시간들을 뜻합니다. 저는 주로 출·퇴근 시간이나 육아를 하다 짬이 나는 시간을 '틈새시간'으로 활용하였습니다. 길어도 30분 정도기 때문에 몰입을 해야 하거나 시간이 오래 걸리는 일은 하기가 어렵습니다.

저는 틈새시간을 주로 인풋 활동을 하는 데 사용했습니

다. 요즘에는 오프라인으로 직접 방문하지 않더라도 온라인을 통해 정보를 얻을 수 있는 방법이 많습니다. 그래서 잠깐 핸드폰을 볼 시간만 있어도 궁금한 점 한 가지씩은 해결할 수 있는데 이 순간들이 저에겐 얼마나 다행인지 모릅니다. 개인 시간을 갖기 힘든 워킹맘들도, 육아맘들도 마음만 먹으면 얼마든지 공부할 수 있는 기반이 준비되어 있으니 말입니다.

저는 틈새시간에 주로 부동산 관련 팟캐스트 듣기, 유튜브 영상 보기, 블로그와 카페글 읽기 활동을 했습니다. 부동산을 공부할 때 알아두면 좋을 개념들, 입지와 수요, 현재 가장 핫한 지역 등 저에게 부족한 지식들을 야금야금 채워 나갔습니다.

청소나 빨래를 할 때는 귀에 이어폰을 끼고 팟캐스트를 듣기도 했습니다. 단지 노동 그 이상, 이하도 아니었던 시간이 배움의 시간으로 탈바꿈하니 집안일이 오히려 재밌게 느껴질 때도 있었습니다. 집중해서 듣다 보면 청소도 더 잘 되는 것 같았고 말이죠. 그렇게 저는 부동산 투자 시장 현황, 주요 정책에 관한 뉴스 브리핑, 초보자들의 재테크 고민 해결법, 투자 전문가의 다양한 조언 등을 들으며 단 몇 분만으로도 지식을 착착 쌓을 수 있었습니다.

제가 틈새시간에 했던 또 다른 일은 전화 임장이었습니다. 임장은 투자를 해보고 싶은 지역을 직접 방문해 투자처 주변을 확인하고 주변 중개소를 찾아가 현장 분위기나 매물 등을 확인하는 작업입니다. 하지만 둘째를 출산한 직후에는 실제 임장은 꿈도 못 꾸는 게 현실이었습니다. 어린아이를 데리고 몇 시간씩 밖을 돌아다니려니 아이에게도, 저에게도 너무 힘들 게 불 보듯 뻔했기 때문입니다.

그래서 생각한 것이 바로 전화 임장이었습니다. 전화로 궁금한 점을 물어보고 분위기를 파악할 수 있어 완벽하진 않아도 대충 그 지역의 상황을 파악할 수 있는 효율적인 공부 방법입니다.

전화 임장은 중개소 소장님과 통화를 해야 하기 때문에 다른 일과 병행하긴 어려워, 아이가 낮잠 자는 시간을 주로 활용했습니다. 소장님과 수다 떨 듯 이런저런 이야기를 나누다 보면 스트레스도 풀리고 요즘 분위기가 어떤지, 좋은 매물이 있는지, 거래가 많이 되는지 등등 현장감 있는 정보도 얻을 수 있었습니다.

이렇게 저는 그날그날 알고 싶은 정보들을 정리해 어떤

날은 팟캐스트를 듣고, 어떤 날은 전화 임장을 하고, 어떤 날은 뉴스를 집중적으로 살펴보며 지루할 틈 없이 부동산 투자 공부를 했습니다. 그냥 흘려보내기 쉬운 시간들을 생산적으로 쓰려고 마음먹으니 생각보다 할 수 있는 일이 많았습니다. 육아 스트레스를 해소하는 데도 제격이었습니다. 몸은 조금 더 힘들더라도 마음의 행복이, 그리고 정신적인 충만감은 그에 비할 바가 아니었습니다.

그러니 나에게 지금 중요한 것들, 혹은 배우고 싶은 것이 뭔지를 잘 고민해 보고 틈새시간마다 한 번씩, 두 번씩 들여다보세요. 어느새 내 안에 지식들이 차곡차곡 쌓여 마음 한 켠을 꽉 채운 모습을 볼 수 있을 겁니다.

¶ 아웃풋을 하는 몰입시간

그렇게 틈새시간을 활용해 틈틈이 공부하던 어느 날. 그날도 부지런히 집안일을 하며 팟캐스트를 듣는데 이상하게 마음 한구석이 불안함으로 일렁였습니다. 강의를 계속 듣고 부동산 책을 10쪽씩 더 읽어도 채워지지 않는 충족감. 아무래도

긴 시간 집중해 공부하지 못하다 보니 생긴 불안감인 것 같았습니다.

그래서 저는 고민 끝에 시간을 좀 더 활용해 보기로 했습니다. 아무도 방해할 수 없는 나만의 '몰입시간'을 만들어 좀 더 긴 호흡이 필요한 일들을 해보기로 말이죠.

그렇게 시작한 저의 몰입시간은 새벽 3시였습니다. 많은 분들이 처음 이 이야기를 들으면 "대체 왜 그런 애매한 시간이야?"라고 묻지만 나름의 시행착오를 거친 결과물입니다.

처음엔 미라클 모닝을 해보기 위해 새벽 5시에도 일어나 보고, 미라클 미드나잇을 해보기 위해 밤 12시에도 일어나 보았습니다. 하지만 예민한 기질을 가진 첫째 아이는 엄마가 옆자리를 비우면 바로 알아차리고 따라 나왔기 때문에 아이와 함께 잠을 자야 하는 상황에선 두 시간대 모두 너무 맞지 않았습니다. 새벽 5시에는 아이의 잠도 얕아져 제가 옆에 없는 걸 귀신같이 알아챘고, 밤 12시는 온종일 일에 시달린 제가 잠에서 깨어나기 너무 힘들었습니다. 그래서 여러 번 자고 깸을 반복하며 찾은 시간이 바로 새벽 3시였습니다.

저는 이 시간에 주로 투자처 분석 포트폴리오 쓰기, 경제개론서 읽기, 블로그글 쓰기, 스터디 준비하기 등 글을 직접 써야 하거나 흐름이 끊기면 안 되는 일들을 진행했습니다. 낮에 생각해 두었던 주제로 글을 적어 내려가거나 스터디 자료를 찾아 정리하다 보면 어느새 2시간이 훌쩍 지나 있었습니다.

투자처를 분석할 때는 꼭 필요한 핵심 정보들만 찾아 정리하며 제가 생각하는 기준에 부합하는 곳인지 검증하는 시간을 가졌습니다. 부동산 투자는 해당 지역의 매물이 어느 정도인지부터 가격 변화가 어떤지, 요즘 사람들이 선호하는 아파트는 어디인지 등등 큰 틀에서 선택지를 좁혀 나가는 과정을 거쳐야 합니다. 그래서 공부 흐름이 끊기지 않게 몰입시간에 데이터를 찬찬히 살펴보며 검증하는 과정을 거쳤습니다. 틈새 시간에 관련 용어나 현황을 공부해 두니 더 빠르게, 깊게 몰입할 수 있었습니다.

투자 스터디를 준비할 때도 생각날 때마다 스케치북에 그려 놓은 아이디어들을 한곳에 모아 놓고 전체적인 틀을 잡아 피피티를 만들곤 했습니다. 스터디 때마다 공부하는 주제에 따라 피피티도 새로 준비해야 하는데, 꼭 필요한 정보만 담아야 했기 때문에 집중력이 많이 필요한 일이었습니다.

신기하게도 새벽은 몰입하기 참 좋은 시간입니다. 고요한 적막, 이 세상에 마치 나 혼자만 있는 것 같은 기분. 좋아하는 커피 한잔 마시며 내가 하고 싶은 일을 하는, 하루 중 유일한 '나만의 시간'. 그래서 저는 몰입시간에 적응한 뒤로 이 시간과 사랑에 빠져 알뜰히 살뜰히 사용하고자 노력하였습니다. 내가 하는 일 그 자체에만 집중할 수 있는, 온전한 나만의 시간이였던 것이지요.

이가 없으면 잇몸으로라도 씹으라고 합니다. 그래서 저도 시간을 쪼개고 또 쪼개 보았습니다. 이 시간들이 별거 아닌 것 같아 보여도 저는 이 시간을 통해 성장하고 있습니다. 틈틈이 채워지는 작은 성취감이, 하루를 마무리하는 힐링이 저를 앞으로 나아가게 합니다.

여러분도 두 눈 딱 감고 속는 셈 치고 나를 위한 시간을 한번 가져 보면 어떨까요? 그 시간들이 모이고 모여 하나의 산을 이루고 분명 여러분의 삶에 활력을, 변화를 가져다줄 것입니다. ¶

포기만 하지 않아도
절반은 성공한 것이다

효과적인 시간 관리와 더불어 제가 중요하게 여겼던 건 바로 '꾸준함'입니다. 내가 할 수 있는 수준에서 포기하지 않고 꾸준히 해 나가는 것. 지인들이 부동산 투자 공부를 할 때 가장 중요한 것이 무엇이냐고 물으면 저는 포기하지 않는 것이라고 말합니다. 목표를 설정했다면 일단 시작하고, 성과가 나지 않는 시간을 인내하고 견디는 것이죠.

말로 할 때는 참 쉬워 보이지만 막상 일에 진척이 없거나 결과가 안 좋을 땐 꾸준히 버티는 데 상당한 에너지가 필요합니다. 거기에 정신적인 균형을 유지하는 것도 만만치 않은 일입니다. 그래서 저는 항상 '잘 버티는 것'이 중요하다고 생각합니다. 그리고 버티는 일은 부동산 투자 공부뿐 아니라 블로그, 운동, 개인사업 등 어떠한 목표를 세우고 실행하고자 한다면 모두 동일하게 적용된다고 생각합니다.

"지름길로 가는 방법이 있을까요? 어떻게 하면 빨리 목표치에 도달할 수 있나요? 조금이라도 빠르고 덜 힘들게 가고 싶어요"라는 말을 들을 때가 있습니다. 사실 저도 사람인지라 지름길로 가고 싶다는 이야기가 너무나 이해가 가고 공감이 갑니다. 지하철 역사에서 계단보다 엘리베이터 혹은 에스컬레이터를 선택하는 것도 같은 이치 아닐까요? 편하고 빠른 길이 있다면 그걸 선택하는 것은 인간의 본능일 것입니다. 전문가의 도움을 받을 수도 있겠지요.

하지만 제가 직접 해보니 빠른 게 마냥 좋은 것도 아니었습니다. 오래 가기 위해서는 내가 스스로 할 수 있어야 하고 그것을 체화해 나가는 과정이 꼭 필요했습니다. 제 안에 기반이, 소스가 없다면 오래 가고 싶어도 오래 갈 수가 없습니다. 그리고 지금 내가 어느 정도까지 할 수 있는지 스스로의 역량을 아는 것도 기반을 다지는 데 참 중요한 요소 중 하나였습니다. 무엇보다 무리해서 빨리 달리다 보면 그만큼 에너지가 금방 소모돼 빨리 포기하게 될 수도 있습니다.

저 같은 경우에도 부동산 투자 공부를 할 때 당시 제 상황에서 할 수 있는 일이 뭐가 있을지 찾고, 그것을 해 나가는 데 집중하곤 했습니다. 온종일 서너 곳을 임장 다니며 투자 지역을 찾는 사람들과는 비교할 수 없이 느린 전진이었지만 저는 제 선에서 할 수 있는 최선의 방향으로 나아갔습니다. 임장 갈 시간을 따로 빼기 어려울 때는 회사 점심시간을 이용해 회사와 가까운 지역에 퀵 임장을 다녀오기도 했습니다.

둘째 아이를 임신했을 때는 새벽에 산책을 나가는 마음으로 무리하지 않는 선에서 임장을 다니기도 했습니다. 그리고 아이가 아직 신생아일 때는 집 밖을 나가는 것 자체가 힘들기 때문에 관심 지역을 프린트해서 빈 벽면에 붙여 두고 눈에 익을 때까지 쳐다보곤 했습니다. 입지 공부와 단순한 팩트 체크는 지도만 있어도 가능했으니까요. 그러다가 궁금한 점이 생기면 전화 임장을 통해 궁금증을 해결해 나갔습니다. 이렇게 저에게 주어진 상황에서 제가 할 수 있는 것들을 하나씩 해 나갔습니다.

처음 블로그를 시작했을 때도 똑같았습니다. 부동산 투자 공부 과정을 기록해 두기 위해 만든 공간에 조금씩 사람들이 찾아 주기 시작하니 더 잘하고 싶다는 생각이 꿈틀거렸습니다. 그래서 그 당시 제가 자주 찾았던, 사람들이 많이 보는 블로그를 살펴보며 인기가 많은 이유를 나름대로 분석해 보았습니다. 그랬더니 사람들이 많이 몰리는 블로그들은 공통점이 있었는데 실질적으로 도움이 되거나 공감 가는 진정성 있는 글이 있는 곳, 그리고 그러한 글들이 꾸준히 발행되는 곳이라는 점이었습니다.

그렇다면 제가 할 일은 지속적으로 관심을 가지고 꾸준히 글을 쓰는 것, 그리고 공들여 쓴 글을 아무도 읽어 주지 않더라도 그 시간을 견뎌 내는 것이었습니다. 하지만 글을 쓰는 일은 생각보다 시간이 오래 걸리는 일이었습니다. 그래서 회사 점심시간을 활용해 글을 쓰기도 하고 글감이나 아이디어가 떠오르면 핸드폰 메모장에 적어 두었다가 몰입시간에 글을 재구성해 옮겨 적기도 했었습니다. 무슨 글을 쓸지, 어떻게 써야 도움이 될지에 대한 고민이 머릿속에서 쉬지 않고 돌아갔습니다.

이렇게 열심히 쓴 글이 항상 좋은 반응을 얻느냐 하면 그런 것도 아닙니다. 고생해서 쓴 글이 반응이 별로일 때도 있고, 가볍게 쓴 글이 많은 호응을 얻을 때도 있었습니다. 그럴 때마다 기분이 오르락내리락, 감정이 싱숭생숭했지만 결국 가장 중요한 건 아무도 내 글을 봐주지 않더라도 꾸준히 쌓아놔야 한다는 것이었습니다. 글을 쓰는 간격이 들쑥날쑥하더라도 포기하지 않고 꾸준히 해 나간 노력들이 차곡차곡 쌓여서 제 블로그도 6,000명의 이웃이 찾아 주는 블로그로 성장할 수 있었다고 생각합니다.

그러니 남과 비교하지 말고 내 속도를 찾아 꾸준히 해보세요. 상황에 따라 조금 더 빨리 달릴 수도, 한번에 멀리 갈 수도 있겠지만 정말 겨우겨우 한 발자국 떼었다 할 정도로 시간이 부족하거나 힘든 상황이 오기도 합니다. 그래도 포기하지 않고 내가 할 수 있는 수준에서 해 나가는 것이 제일 중요합니다. 그러다 보면 자연스럽게 가속도가 붙는 날도 올 것이라 믿어 의심치 않습니다. ¶

남의 편이 아닌 내 편,
남편의 지지 얻기

시간을 최대한 짜내서 효과적으로 사용한다고 해도 하루는 24시간으로 정해져 있습니다. 게다가 아이들은 아직 어른의 도움이 필요한 나이이기 때문에 내가 노력한다고 해도 시간적으로, 물리적으로 제약이 생기는 건 어쩔 수 없습니다. 이런 제가 육아, 회사 일, 경제적 자립, 사회적 자립을 꾸준히 해나갈 수 있는 데에는 남의 편이 아닌 내 편, 남편의 도움이 컸습니다.

저 혼자 잘하는 것도 중요하지만 사실 주변의 도움이 없었다면 이만큼 해내는 데 더 오랜 시간이 걸렸을 겁니다. 그렇기 때문에 내 편의 마음을 얻으면 경준녀로 나아가는 데 많은 도움이 됩니다. 꼭 남편이 아니더라도 나에게 힘이 되어 줄 수 있는 상대라면 누구라도 좋습니다. 친한 친구일 수도, 같은 목표를 향해 나아가는 동료일 수도, 부모님일 수도 있겠지요. 저에게는 남편이 그런 사람이었기 때문에, 남편을 예로 들어 내 편의 중요성을 이야기해 보려고 합니다.

저는 한 팀일 때 팀원들 간의 팀워크가 참 중요하다고 생각합니다. 서로 내가 더 힘들다고, 날 먼저 이해해달라고 하는 것보다 상대방의 입장도 생각해 보며 양보할 건 양보하고 균형을 맞춰 나가는 것이 무엇보다 필요하다고 말이죠.

저에게는 믿을 구석이 남편뿐이었고, 나의 편이 되어 줄 사람도 남편뿐이었습니다. 그래서 남편에게 제 생각을 이해시키기 위해 많은 노력을 했습니다.

제가 남편을 내 편으로 만들기 위해 가장 먼저 했던 노력은 단순히 나의 목표를 우기기보다 우리 부부의 목표와 지향점을 함께 세워 보는 것이었습니다. 일단 내가 생각한 목표가 무엇인지, 그 목표가 우리 부부, 혹은 우리 가족에게 왜 중요한지, 그걸 이루기 위해 어떠한 노력을 하고 있는지를 세세하게 알려 주었습니다. 그 후에는 의문이 가는 점도 풀어 주고자 노력하였습니다.

남편도 저만큼이나 본인이 하고 싶은 일이 있을 테니 저의 생각을 강요하기보다는 왜 필요한지를 설득하는 데 많은 공을 들였던 것 같습니다. 무작정 시간을 내달라고, 아이를 봐달라고 하면 제가 남편의 입장이었어도 싫었을 것입니다. 그래서 남편의 지지를 얻기 위해 싸우기도 하고 머리를 맞대고 고민하기도 하며 최적의 합을 맞추는 데 많은 시행착오를 겪었습니다.

저희 부부는 직장인 살사 댄스 동호회에서 처음 만났습니다. 그래서 처음에는 춤이라는 취미를 함께 공유했고 결혼을 하고 나서는 테니스나 캠핑 등 함께 할 수 있는 취미를 만들어 대화 주제를 꾸준히 만들려고 노력했습니다. 공통의 관심사가 생기면 항상 대화에 활력이 생기기 때문이었습니다.

하지만 평화롭던 저희 부부의 삶에 일생일대의 위기가 찾아왔습니다. 바로 처음으로 아빠, 엄마가 되었을 때였습니다. 남편과 저 모두 처음 해보는 역할을 실수 없이 헤쳐 나가야 한다는 것에 대한 스트레스가 어마어마했고, 활동적인 부부가 집에서 육아만 하니 그 억압감이 나날이 커졌습니다.

자연스레 정신적, 육체적 피로와 스트레스가 늘어나고 부부 사이의 대화가 줄어드니 다툼이 생기기 시작했습니다. 아이가 신생아일 때는 자주 깨다 보니 늘 잠이 부족해 서로에게 예민해졌고 육아 방법에 대해서도 서로 내 말이 맞다며 상대방 탓만 하게 되었습니다.

나중에는 싸우는 것도 지쳐 말을 말자는 생각에 집안에 말소리가 사라지기도 했습니다. 그렇게 갈등이 고조될 무렵 더 큰 시련이 저희 부부에게 닥쳤는데, 돌도 안 된 아기와 함께 전셋집에서 쫓겨나듯 이사를 가야 하는 사건이었습니다.

그때 저희 부부는 아이를 낳고 처음으로 오랜 시간 대화를 나눴습니다. 상황을 해결하기 위해 현재 우리의 문제점이 무엇인지 골똘히 생각하고 논의를 했습니다. 그리고 우리 부부가 앞으로 어떻게 해야 할지, 당장 무엇을 할 수 있을지 고민하며 1년 계획을 세부적으로 세웠습니다. 10년 뒤 우리 부부가 되고 싶은 모습, 5년 뒤에 이루었으면 하는 목표까지 함께 고민해 보며 청사진도 그렸습니다.

남편은 원래 계획을 세우는 성격이 아니라서 처음엔 난

감해하기도 했습니다. 그래서 저는 그동안 미래에 대한 이야기를 나눌 시간이 부족했으니 함께 이야기를 나눠 보는 게 좋겠다고 솔직하게 이야기했습니다. 대화 초반에는 "각자 이루고 싶은 버킷리스트를 한번 써보자!"라며 은퇴 후 제주도에서 살아 보기, 우리 가족 캠핑 여행 해보기 등 막연한 꿈 이야기를 나눠 보기도 했습니다. 그렇게 차근차근 이야기를 나누다 보니 합의된 목표도 찾을 수 있었습니다.

목표를 정리하고 나니 우리 부부가 지금 당장 해야 할 일들이 눈에 보이기 시작했습니다. 그리고 신기하게도 "내가 더 힘들어. 그러니까 자기가 양보해. 난 더 이상 못해"라고 말하던 입장에서 조금씩 서로를 배려하는 입장으로 변화하였습니다.

이를테면 예전에는 남편이나 제가 무언가를 배우러 간다고 하면 '아… 애 혼자 보기 힘든데 또 어디를 간다는 거지? 꼭 지금 해야 되나?'라는 생각이 먼저 들어 싫은 내색을 하거나 반대부터 했었습니다.

그런데 이제는 공동의 목표인 '우리 집 마련'을 위해 지금 좀 힘들더라도 감수하고 받아들이고 배려해 주고 응원해 주게 되었습니다. 둘 중 한 명이 듣고 싶은 강의가 있다고 하면 "아, 그래. 그거 지금 알면 좋겠다. 잘 갔다 와. 잘 듣고 와서 나도 가르쳐 줘"라고 말할 수 있게 된 것입니다. 이런 식으로 서로 배려를 하다 보니 이제는 저의 여러 도전에도 남편의 지지가 많은 도움이 되고 있습니다.

지금 우리 부부는 조금 더 자유롭게, 조금 더 자주 원하는 점을 이야기합니다. 몇 년에 걸쳐 대화를 나누며 세운 원칙도 있습니다. 바로, '내일을 위해 오늘의 불편함은 감수하되 오늘의 행복을 내일로 미루지 말 것! 우리 팀의 건강하고 행복한 정신을 만들기 위한 활동에도 시간과 자원을 반드시 할애할 것!'입니다. 이 원칙은 결정을 내릴 때 기준점으로 작용해 더 나은 결과를 더 많이 안겨 주곤 했습니다.

배우자와 이런 부분 때문에 갈등이 있다면 부부가 당면한, 혹은 우리 가족이 당면한 문제점을 같이 생각해 보고 공통의 목표를 세워 보면 어떨까요? 함께 목표를 세우고 같은 곳을 바라보기 시작할 때 남의 편이 아닌 진정한 나의 편을 만들 수 있습니다.

가족이라고 해서 절대적인 이해와 배려를 요구할 수도,

받을 수도 없습니다. 나의 상황과 내가 원하는 삶, 우리 가족의 미래에 대해 함께 이야기 나누고 합을 맞춰 나가야 서로의 지지를 이끌어 낼 수 있습니다.

무엇보다 혼자 하는 것보다 함께 했을 때 더 오래, 즐겁게 도전을 이어 나갈 수 있다고 생각합니다. 혼자 하려고 하지 마세요. 함께 할 때 더 큰 것을 얻을 수 있습니다. ¶

경단녀 or 경준녀?
선택은 나의 몫!

사실 우리는 이미 알고 있습니다. 지금과 똑같은 삶을 이어 간다면 5년 뒤, 10년 뒤가 어떤 모습일지 말입니다. 지금과 크게 다르지 않겠지요. 저도 대학생 때는 회사에 취업하면, 회사에 입사했을 때는 10년 차쯤 되면 제 인생이 크게 바뀌어 있을 줄 알았습니다. 제가 뭔가 대단한 사람이 되어 있을 것이라는 꿈과 상상에 부풀어 있었던 것이죠.

어릴 때 우스갯소리로 했던 말이 생각이 납니다. "30대 중반쯤 되면 아마 나는 마당 딸린 저택에 살고 있을 거야. 그리고 이모님, 커피 한잔 부탁드려요~ 라고 말하는 삶을 살고 있겠지!" 아마도 TV 드라마에서 자주 보던 부자들의 삶에 저를 투영했던 것 같습니다. 어릴 때는 30대가 온전한 어른으로 느껴졌고 모든 걸 이룬 것처럼 보였으니 말입니다. 하지만 제가 그 나이가 되니 이상과 현실에는 간극이 어마어마하다는 걸 알게 되었습니다. 그리고 그런 환상에서 벗어나니 이제는 꽤 현실적인 사람이 되었습니다.

아침 일찍 눈을 떠 출근 준비와 아이 등원 준비를 동시에 하고 회사에 가서는 온갖 잡무에 시달리며 내 일도 마무리하려 아등바등하고 퇴근 후에는 밀린 집안일을 해야 하는 보통의 삶. 사고 없이 오늘 하루를 마무리하기도 버거울 때가 많습니다. 악착같이 짬을 내 새로운 걸 시도하려 할 때면 '더는 못하겠다. 그냥 이대로 살까…?' 하고 투정을 부리고 싶은 날도, 몸이 부서질 것 같다고 느끼는 날도 많습니다.

하지만 그럼에도 제가 시간을 쪼개고 쪼개 악착같이 무언가를 배우고 실행하는 이유는, 새벽 3시든 5시든 일어나서 부동산 투자 공부, 블로그도 하는 이유는 무엇일까요? 5년 뒤, 혹은 10년 뒤가 지금과는 같지 않았으면 하는 마음, 조금이라도 더 나아지길 바라는 간절한 마음이 있기 때문입니다.

사실 우리의 인생은 생각보다 쉽게 바뀌지 않지요. 특별한 전환점을 맞이하지 않는 이상 지금 모습의 연장선일 뿐입니다. 그렇기에 지금보다 나은 미래를 살고 싶다면, 내가 원하는 결과를 얻고 싶다면 나의 마음가짐에도 삶의 태도에도 큰 변화가 필요한 건 당연합니다.

그래서 저는 새벽 5시에 일어나 글을 쓰고 새벽 6시에 남편과 함께 운동을 합니다. 조금 더 자고 싶은 마음, 딱 오늘 하루만 쉬고 싶다는 유혹이 매일 저를 괴롭힙니다. '그냥 오늘 하루만 눈 감아 줄까? 아무도 모르는데, 나만 모른 척하면 되는데….' 유난히 몸이 무거운 날이면 쉬지 않고 울리는 알람을 듣고도 모른 척하고 싶습니다. 하지만 오늘 하루를 건너뛰면 다음부터는 쉬는 것이 당연해질 것을 알기에 다시 마음을 다지곤 합니다. 그리고 하루하루의 노력이 쌓여 내일의 나를 만든다는 사실을 알기에, 꾸역꾸역 해내고 나면 얼마나 보람찰지, 얼마나 상쾌할지 너무 잘 알기에 오늘도 삶의 무게를 이겨 내 봅니다. 이렇게 외치면서 말이죠.

"I can make it! We will make it!"
(나는 할 수 있다! 우리는 해낼 것이다!!)

오늘도 해낼 수 있다는 응원이자 스스로 해낼 수 있다는 다짐이기도 합니다. 결국 지금의 모습 그대로 살아갈지, 다른 모습의 내가 될지는 오늘의 나에게 달려 있습니다. 준비되지 않은 채 갑자기 맞이한 퇴사로 경단녀가 되어 막막한 미래를 맞이할지, 경준녀가 되어 준비된 미래를 만들어 갈지 그 선택은 나의 몫입니다.

그러니 조금 힘들더라도 오늘부터 조금씩 주체적인 미래를 준비해 보면 어떨까요? 저와 함께 아주 작은 것부터 하나씩 해나가 보길 바랍니다. 경준녀가 되는 길, 어렵지 않습니다!

¶

Chapter 4.

실전편 Ⅰ
: 경제적 자유를 위한 한 걸음,
'부동산 투자'

부동산 투자에 뛰어든
워킹맘

저는 경준녀가 되려면 경제적 자유를 위한 준비는 필수라고 생각합니다. 경제적으로 안정되어야 회사생활도 주도적으로 할 수 있을 뿐 아니라 내가 하고 싶은 일을 조금 더 즐겁게 할 수 있기 때문입니다. 그래서 경제적 자유는 아마 많은 사람들의 간절한 소망인 것이겠지요. 이번에는 제가 왜 경제적 자유를 중요하게 생각하게 되었는지 그 계기와 고난기를 함께 나눠 보고자 합니다.

저와 제 남편은 공통 목표로 '우리 집 마련'을 정한 뒤 지금에 이르기까지 참 웃지도, 울지도 못할 에피소드들을 많이 겪었습니다. 지금 생각해 보면 다 추억이고 경험이지만 말이죠. 제가 선택했던 경제적 자립의 방법인 '부동산 투자'. 그 시작은 이랬습니다.

2017년 11월, 찬 공기가 느껴지던 겨울의 초입. 평화로웠던 저희 부부에게 한 통의 전화가 걸려 왔습니다. 바로 제발 안 오길 바랐던 집주인의 전화였습니다. 전세 만기가 4개월밖에 안 남았었기 때문에 집주인에게 미리 물어볼까 그냥 기다릴까 고민하던 차에 전화가 왔던 것이죠. 왠지 모를 불안감이 전신을 휩쓸고 갔을 때, 남편의 입에서 "집주인이 나가 달래. 이 집 팔 거래"라는 말이 들려왔습니다.

"와… 또 이사야? 우리는 운도 진짜 없다. 남들은 한 집에서 몇 년씩 잘도 살던데 우리는 어떻게 한 번도 전세가 연장된 적이 없지."

한숨과 탄식이 절로 나왔습니다. 어린아이를 데리고 이 추운 겨울에 이사 갈 집을 알아볼 생각을 하니 막막하고, 괜히 아이까지 고생시키는 것 같아 우울하기도 했습니다.

사실 저는 이사 경험이 많은 편입니다. 어릴 적에는 부모님과 함께 10번이 넘게 이사를 했었고, 결혼하고 나서는 집주인이 빌라를 팔아서, 집주인이 입주할 거라고 해서 등등의 이유로 계약이 끝나면 매번 새로운 집을 구했습니다. 반복되는 이사가 귀찮고 번거로웠지만 '세입자니까 나가달라고 할 때 나가는 게 맞지'라고 생각하며 대수롭지 않게 생각하곤 했습니다.

하지만 아이가 태어나니 이 생각에도 변화가 생겼습니다. 집을 빼달라는 말이 전과는 다르게 느껴졌습니다. 집주인의 말이 어찌나 서럽게 느껴지던지, 우리 식구가 마음 편하게 발 뻗고 살 집조차 없다는 사실이 참 서글프게 다가왔습니다. 많은 생각이 들었습니다. '남편도 나도 회사생활을 10년 넘게 했고 사치는커녕 알뜰히 살아왔다고 생각했는데 다 헛것이었나 보다. 여태 집도 하나 안 사고 뭐 했을까?' 이렇게 헛똑똑이일 수가 없었습니다. 그리고 저는 결심했습니다.

"이대로는 안 되겠다. 우리 가족, 내 아이와 이사 걱정 없이 살 집을 마련해야겠어. 잘 모르겠다고, 아직은 때가 아니라는 이유로 미루다간 영영 집을 못 살 것 같아!!"

우리 아이와 걱정 없이 살 수 있는 '내 집'이 간절하고 또 간절해졌습니다. 그리고 이 간절함이 경제적 자립 준비의 강력한 한 방이 되었습니다.

집에 대한 걱정을 시작하고 나니 그동안 막연하게만 생각해 왔던 노후에 대한 불안감과 두려움도 크게 다가왔습니다. '이렇게 아무것도 준비되어 있지 않은 상태에서 큰일을 겪게 되면 얼마나 서러울까…. 집에서 쫓겨나듯이 회사에서도 갑자기 나가 달라고 하면 그땐 어떡하지?'

은퇴 후 노후와 미래에 대한 불안, 두려움이 현실이 되었습니다. 저의 평화로운 일상에 마구 균열을 내었습니다. 전에도 이따금씩 찾아오던 고민이었지만 하루하루를 살아가기도 버거웠기에 잠시 미뤄 두었던 문제였는데, 그래서는 안 되는 문제라는 걸 이제야 깨달은 겁니다.

이번에도 전세를 구하면 2년 뒤에도 우리 가족은 또 이사를 해야 한다는 예고된 미래. 언제까지나 똑같은 후회만 하고 있을 제 모습이 보였습니다. 이렇게 생각하면서 말이죠. '2년 전의 나야, 대체 왜 아무것도 하지 않았니? 도대체 왜!!'

그래서 이번에는 문제와 제대로 맞서기로 했습니다. 더이상 위기를 반복하지 않기 위해 근본적인 해결책을 찾기로 했습니다. 엄마가 되고 나니, 골치 아프고 어렵다고 마냥 미뤄둘 문제란 없다는 것을 알게 되었습니다. 우리 가족의 거처를 집주인의 손에 맡기고 싶지 않았습니다.

부동산 투자 공부를 하기로 결심한 후에는 주변에 공표를 했습니다.

"나 이제 부동산 투자 공부할 거야. 나도 이제 내 집을 살 거야! 내 집 마련, 이번에는 기필코 한다!"

그런데 주변 지인들은 제 이야기를 듣자마자 기다렸다는 듯 한 마디씩 해왔습니다. 힘내! 할 수 있을 거야! 식의 격려와 긍정의 피드백이 아닌, 저를 뜯어말리는 피드백으로 말이죠. 고맙게도 제 지인들은 도시락이라도 싸 들고 따라다니면서 저를 말릴 기세였습니다.

"지금 부동산 공부를 시작한다고? 이제 집값은 오를 대로 올라서 떨어질 일만 남았는데? 지금 집을 사는 건 미친 짓이야"라는 이야기도 들었습니다. 제대로 시작해 보기도 전에 온갖 안 좋은 이야기만 들으니 안 그래도 불안한 마음에 귀가 팔랑대며 심란해지기도 했습니다. '진짜 지금은 적기가 아닌가? 돈도 없는데 대출까지 받아서 집 샀다가 집값이 내려가기라도 하면 우리 가족은 그대로 망하는 건데…. 그냥 전세로 좀 더 살면서 집값 내려갈 때를 기다려 볼까…?'라는 생각에 휩싸여 며칠을 괴로워하기도 했습니다. 하지만 괴로워하면 할수록, 고민을 하면 할수록 매번 아이와 이사를 다니고 싶진 않다는 생각이 강해졌습니다.

그래서 저는 일단 앞으로 전진하기로 했습니다. 부동산 분야 책들을 읽기 시작했고 관련 어플을 통해 집값을 확인하고 비교해 보기 시작했습니다. 주변의 뜯어말림에도 불구하고 나름대로 부동산 투자 세계에 발을 들이기 위해 열심히 노력하였습니다.

이렇게 하는 것이 잘하고 있는 것인지도 감이 안 잡히는 마당에 과거의 저에게 화는 얼마나 많이 나던지. '아니, 경쟁률이 낮아서 젊은 사람들도 청약 딱딱 당첨될 때 나는 도대체 어디에서 뭘 하고 있었던 거지?', '결혼할 때 조금만 더 무리해서 대출을 받았으면 잠실도 살 수 있었겠네?'라는 생각이 꼬리에 꼬리를 물며 저를 괴롭혔습니다. 공부를 해보겠다고, 시작을 해보겠다고 선언을 했으니 시늉이라도 내자 싶어 여기저기 기웃거려 보았지만 초반에는 과거의 저를 탓하기 바쁜 시간을 보냈습니다.

하지만 언제까지 후회만 할 순 없는 법. 저는 부동산 투자를 둘러싼 모든 부정적 생각과 말들에 스톱(Stop) 버튼을 누르기로 했습니다. 그리고 이제부터 '진짜 시작이다'라고 마음먹으며 경제적 자유를 향한 도전을 밀어붙이기로 하였습니다. 내 집을 마련하기 위해서! ¶

부동산 투자에 꼭 필요한
3가지 요소

부동산 투자 공부를 시작한 지 얼마 안 됐을 때 가장 어려웠던 것은 정보가 많아도 너무 많다는 것이었습니다. 부동산 관련 블로그, 카페, 책, 팟캐스트, 유튜브 등을 봐야겠다 마음은 먹었는데 그 방대한 분량에 어디서부터 손을 대야 할지 난감했습니다.

그래서 처음엔 팟캐스트 조금, 유튜브 조금, 책 조금 이렇게 돌아가며 조금씩 들춰 보기만 했습니다. 아무런 배경 지식이 없으니 더 혼란스러워진 건 당연한 결과였습니다. 정보는 넘쳐나는데 그중 뭐가 제일 중요한지, 하루가 다르게 흐름이 바뀌는데 어디에 초점을 맞춰야 할지 몰라 눈만 핑핑 돌았습니다.

그래서 저는 비싸고 오래 간직할 물건은 어떤 식으로 사는지 생각해 보았습니다. 일단 오래 간직할 것이라고 하면 내가 감당할 수 있는 가격의 범위를 먼저 확인하고, 그 선에서 물건들을 꼼꼼히 비교해 본 뒤 가장 좋은 것을 선택해 사곤 했습니다.

저는 부동산 투자 공부를 할 때도 이 과정을 적용하면 딱 좋겠다는 생각이 들었습니다. 특히 부동산은 움직이는 돈의 단위가 커서 최대한 손해를 덜 보는 방향으로 물건을 찾고 싶었습니다. 그렇게 우리 부부가 오랜 시간 고민한 끝에 세운 3가지 요소는 바로 자금력과 판단력, 실행력이었습니다.

자금력은 한마디로 '돈'입니다. 전쟁터에 나갈 때 총알을 장전하고 나가는 것과 그냥 들고만 가는 건 아주 차이가 큽니다. 내 몸을 지키기 위한 최소한의 방어조차 하지 않으면 손을 써보기도 전에 안 좋은 결과를 맞이할 수밖에 없습니다.

자금력은 그만큼 투자를 시작할 때 가장 먼저 준비해야

할 총알입니다. 나의 자산 현황이 어떠한지, 대출은 어느 정도까지 가능하고 내가 감당할 수 있는 이자는 얼마인지, 불필요한 예금에 가입되어 있진 않은지를 확인하고 투자금의 상한선을 정하는 것이 무엇보다 우선이 되어야 합니다.

판단력은 이 집을 살지 말지 결정할 때 그 선택의 버튼을 당기는 역할을 합니다. 언제 어느 지역에 있는 집을 살 것인지에 대한 공부가 되어 있어야 내가 지금까지 열심히 모은 자산을 유용하게 쓸 수 있습니다. 그래서 저는 여러 루트를 통해 부동산 투자의 기초를 공부하고 이를 바탕으로 궁금한 지역은 직접 가보며 사도 될지, 말지에 대한 판단력 기르기 훈련을 꾸준히 했습니다. 될 곳인가, 가격이 쉽게 내려가지 않을 곳인가에 대한 판단력을 갖추기 위한 시간을 아까워하지 말고 최대한 여러 번 시뮬레이션을 거쳐야 합니다.

마지막으로 실행력. 판단력을 잘 길렀다면 이제 알고 있는 범위 내에서 가장 최선의 선택을 해야 하는데 그 결정을 내리기까지가 또 참 오랜 시간이 걸립니다. '지금 이 집을 사도 괜찮은 걸까? 조금 더 공부하고 올까?' 이미 집에서 수십 번 고민하고 내린 결정이지만 막상 계약서에 도장을 찍을 때가 되면 많은 생각이 오갑니다.

하지만 이렇게 고민만 하는 사이에 다른 사람이 좋은 투자처를 먼저 가져갈 수도 있습니다. 그러니 판단력에 확신이 섰을 때는 과감하게 도장을 찍는 실행력, 강철 심장으로 무장한 손가락이 필요합니다. 투자도 결국 직접 해보며 실패에 좌절감도 맛보고 거기서 배움을 얻고 그 배움으로 성공할 수 있는 것이라고 생각합니다. 이 과정을 거치다 보면 나에 대한 믿음도 커질 것입니다.

부동산 투자 3년 차에 접어드는 지금도 저는 이 3가지 요소를 더 단단하게 갖추기 위해 노력하고 있습니다. 혹시라도 부동산 투자 공부를 해보고 싶은데 너무 어렵고 난감하다 하시는 분들은 이 3가지 요소를 기르겠다는 마음으로 공부를 시작해 보세요. 그러면 어느새 여러분도 뿌리가 단단한 부동산 투자자가 되어 있을 것입니다. ¶

자금력
: 내가 가진 돈이 다 해서 얼마지?

저는 집을 사게 된다면 이왕 사는 거 서울에 내 집을 가지고 싶다는 생각을 하곤 했습니다. 남편도 저도 직장이 서울에 있기 때문에 출·퇴근 시간이 너무 길지 않았으면 했고, 왠지 서울에 집을 가지고 있으면 밥을 안 먹어도 배가 부를 것 같았습니다. 부동산을 잘 몰랐을 때도 말이죠.

그래서 서울에 진짜 우리 집을 사기 위해 어느 지역을 돌아볼까 고민할 때 남편과 저는 참 많이 신났던 것 같습니다. 하지만 지도만 보고 있자니 그곳이 그곳 같고 어디를 먼저 가야 할지 알 수 없어 난감했습니다. 남편은 전라남도 순천에서 태어나 대학생 때 서울로 올라왔고, 저는 서울 한 동네에서 쭉 유년시절을 보내 서울 전체 지리를 잘 아는 편이 아니었습니다. 결국 처음 투자처를 정할 땐 자기가 잘 아는 지역부터 시작한다는 이야기를 떠올려 우리 부부도 익숙한 지역부터 먼저 찾아보기로 했습니다. 남편과 제가 다니는 회사의 중간 지역을 찾아 분석해 보거나 살고 싶은 동네에 순위를 매겨 다녀보기도 했습니다.

그런데 서울 지역 부동산 가격을 알아보며 새삼 제가 경제를 이렇게 몰랐었나 하는 충격을 받았습니다. 서울 집값이 비싸다는 말은 들었지만 9억 원? 12억 원? 15억 원? 심지어 20억 원이라고? 제가 알고 있는 그 숫자가 맞는지 현실적으로 와닿지 않았습니다. 매매가격과 전세가격을 비교해 보고 집을 사려면 필요한 돈이 얼만지도 계산해 보았지만, 서울에 있는 집을 사려면 적어도 3억 원, 5억 원, 7억 원이 넘는 자금이 필요했습니다.

그렇게 부동산 어플을 통해 가격 검색만 줄기차게 해대던 어느 날. 문득 이런 생각이 들었습니다. '그런데 통장에 돈

이 얼마가 있더라? 비싼 것도 문제지만 내가 얼마나 쓸 수 있는지도 모르네.'

순서가 잘못되었다는 것을 깨달았습니다. 청약이든 구축 아파트이든 정처 없이 알아보고 다닐 게 아니라 내가 지금 얼마를 가지고 있는지, 얼마를 쓸 수 있는지부터 확인해야 했다는 것을 그때서야 떠올렸습니다.

그날 밤, 아기를 재우고 남편과 거실로 나와 마주 앉았습니다. 그리고 우리가 가진 자산을 하나씩 정리해 보기 시작했습니다. 일단은 현금이 얼마나 있는지, 전세금은 얼마인지, 전세 대출은 얼마를 받았는지 등등 큰 틀에서 자산과 부채를 정리하였습니다. 그리고 우리 부부의 수입과 생활비를 비롯해 정기적으로 빠져나가고 있는 대출 이자, 보험료, 적금 등을 샅샅이 따져 보았습니다. 결혼해서 4년 만에 처음 해보는 일이었습니다. 이 과정에서 여러 번의 탄성과 충격이 오고 갔습니다.

"와, 신입사원 때 뭣도 모르고 가입했던 변액 연금에 월 40만 원씩이나 나가고 있었어?"

"내가 든 생명보험은 터무니없이 비싸다. 대체 언제 가입한 거지?"

우리는 사치를 안 하니까, 낭비를 안 하니까 통장에 그 돈이 잘 쌓여 있을 거라고 생각했는데 여기저기 뚫린 구멍으로 돈이 줄줄 새고 있었습니다. 어찌나 허탈하던지요. 통장에 찍혀 있는 액수로는 서울은커녕 경기도, 수도권도 살 수 없을 것 같았습니다. 현실을 모른 채 3억 원, 5억 원이 넘는 집들을 보고 다녔던 지난 날이 너무 허무맹랑해서 오히려 웃음이 나왔습니다.

이제 상황을 알았으니 정리가 필요할 때. 우선 줄줄 새고 있는 돈부터 막아 보자는 생각에 전문가를 찾아갔습니다. 불필요한 금융 상품은 모두 해지하고 보험과 연금 계획을 리모델링했습니다. 그러자 매월 나가던 고정 지출비가 월등히 줄어 가계 부담이 한결 줄어들었습니다. 그리고 저희 부부가 현재 쓸 수 있는 자산의 정도를 파악할 수 있었습니다.

저희 부부가 종잣돈을 마련하기 위해 실행했던 방법이 한 가지 더 있는데, 바로 '레버리지(대출) 활용하기'였습니다. 자산을 재정리해 종잣돈 액수를 확인했지만 이 돈으로는 투자가 어려울 것 같아 고민 끝에 내린 결정이었습니다.

"대출은 위험한 것이니 최대한 안 받아야 한다. 받더라도 빨리 갚아야 한다." 어릴 때부터 이렇게 교육을 받아 온 저희 부부는 대출을 끔찍이도 싫어하는 쪽이었습니다. 그런데 아무리 방법을 찾아봐도 종잣돈을 빠른 시일 내에 마련할 수 있는 방법은 대출뿐이었습니다. 그래서 울며 겨자 먹기의 심정으로 대출이 진짜 위험한 것인지 파헤쳐 보았는데, 이때 또 알게 된 것은 대출 자체가 위험한 것이 아니라 감당할 수 없을 정도로 많은 대출을 받는 것이 위험한 것이라는 점이었습니다. 감당할 수 있는 수준의 레버리지는 잘만 활용하면 오히려 자산을 빠르게 불릴 수 있는 좋은 방법이었습니다.

새로운 세계에 눈을 뜬 저희 부부는 대출의 종류, 금액, 이자에 대해 알아보고, 감당할 수 있는 수준의 이자를 정해 대출을 받았습니다. 그렇게 마련한 종잣돈으로 본격적인 투자 공부에 뛰어들 수 있었습니다.

많은 분들이 내 집을 사고 싶다고, 부동산 투자를 하고 싶다고 말하지만 본인의 자산 현황, 대출 가능 금액 등의 자금력을 정확히 아는 사람은 생각보다 적습니다. 그래서 부동산 투자 공부가 공부를 위한 공부로 그치거나 뒤늦게 자금력을 파악하느라 좋은 투자처를 놓치는 경우도 많이 보았습니다.

그러니 준비된 자에게 기회가 온다는 말을 가슴에 새기고 나의 자산 현황을 파악해 종잣돈을 확보하는 것이 투자의 첫걸음이라는 것을 꼭 기억하셨으면 좋겠습니다. ¶

판단력
: 처음으로 중개소에 방문한 날

    종잣돈을 확보하고 나니 마치 일이 다 끝난 것 같은 기분이 들었습니다. 하지만 이제 시작이라는 것을, 지금부터가 본 게임이라는 것을 알아차리는 데에는 그리 오랜 시간이 걸리지 않았습니다. 총알 장전까진 했는데 어디로 가야 살아남을 수 있는지는 몰라던 저희 부부는 그저 출발선 앞에서 뛸 준비만 마친 것이었습니다.

    여기를 가볼까, 저기를 가볼까 투자처를 고르던 와중, 잘 산다고 소문난 회사 선배가 사는 성수동의 한 아파트가 생각났습니다. '인스타그램에서 보니까 그 집 창문으로 보이는 나무들이 너무 예쁘던데. 뭐, 보는 건 자유니까 한번 가 보자!' 그렇게 저의 제대로 된 첫 임장이 시작되었습니다. 집값이 비싼 동네여서 그런지 중개소 외관도 왠지 남달라 보여 그 문을 넘기까지 남편과 몇 번의 시뮬레이션을 거쳤는지 모릅니다.

"자, 그래서 집값이 이렇게 비싸다고 해. 그럼 뭐라고 해? 돈이 없다고? 아니면 다음에 온다고 해야 되나? 돈 없어도 집은 본다고 해도 되나? 어쨌든 실물은 보고 싶은데."

중개소 소장님이 어떤 걸 물어볼지 모르니 취업 인터뷰 준비하듯 아주 사소한 것까지 준비해 가야 할 것 같았습니다. 내가 잘 모르고 궁금한 것들을 물어보려고 중개소에 가는 것인데 오히려 제 입이 바짝바짝 타고 목이 말랐습니다. 저만 그런 줄 알았는데 남편도 긴장을 많이 했는지 꼭 잡은 손엔 땀이 흥건했습니다. 그렇게 나란히 선 저희 부부는 심호흡까지 한 후 처음으로 부동산 중개소의 문을 열었습니다.

중개소 안으로 들어섰을 때부터 계속 저를 사모님이라고 부르시던 소장님은 다행히도 어려운 질문 대신 이 집이 연식이 좀 되어 보여도 주변 아파트들이 다 오래돼서 새 아파트 대접을 받는다고, 재개발이 끝나면 교통 입지의 신흥 강자가 될 것이라고 하시며 아파트를 사야 하는 100가지 이유를 읊어 주셨습니다. 그 뒤에는 20평대, 30평대, 40평대 집을 모두 돌아다녀 보며 내부도 찬찬히 구경할 수 있었습니다.

"와! 우리 첫 임장에 성공했어!" 중개소를 나온 저와 남편은 신이 나서 하이파이브를 했습니다. 생각보다 무난히 끝이 나서 싱글벙글 웃으며 집으로 돌아왔습니다. 계약서를 쓴 것도 아닌데 오늘 보고 온 집이 내 집인 것 같은 이상한 감정에 휩싸이면서 말이죠. 소장님의 말대로 성수동은 집값이 더 오를 게 분명해 보였습니다.

"여보, 나 어떻게든 이 아파트를 사야 할 것 같아!!! 이 집이야, 이 집. 지금 좀 무리해서 사놓으면 한 10년 뒤엔 우리가 들어가서 살 수 있지 않을까?"

눈에 하트가 그려진 채 당장 계약을 할 것처럼 말하는 제게 남편이 말했습니다.

"고객님, 이 집은 15억 원인데요. 전세가격을 아무리 높게 잡아도 10억 원인데, 나머지 5억 원 있으세요?"

역시나 가장 큰 문제는 자금이 부족하다는 것이었습니다. 30만 원짜리 원피스가 너무 비싼 것 같아 살까 말까 며칠을 망설이고 있으면 남편이 "그래, 싼 옷 여러 벌 살 바엔 좋은 거 하나 사는 게 낫지. 가서 사!"라고 말해주곤 했는데 이번에는 달랐습니다. 집은 원피스처럼 한두 푼 하는 게 아니었으니까 말이죠.

며칠을 그 집 생각에 끙끙 앓았지만 아무리 생각해 봐도 5억 원이란 돈이 나올 구멍은 없었습니다. 그래서 결국 그 집은 제 마음속에 고이 묻고 투자 가능한 집을 다시 찾아보기 시작했습니다. 그때부터는 더 열심히 돌아다녔던 것 같습니다. 회사 점심시간, 퇴근길, 주말 할 것 없이 돌이 갓 지난 아기를 데리고 보고 또 보러 다녔습니다. 현장에 답이 있으니 많이 볼수록 눈이 길러진다고 해서 더 열심히 보러 다녔습니다.

그런데 집을 보러 다닐 때마다 저는 그 집과 사랑에 빠져 여기는 이래서 좋아 보이고 저기는 저래서 좋아 보이는 생각만 주야장천 하게 되었습니다. 그제야 저는 깨달았습니다. 현장을 많이 가는 것도 좋지만 내 기준이 없으면 아무것도 결정하지 못할 것이라는 걸. 그리고 남이 해주는 말만 듣다가는 나중에 후회할 수도 있겠다는 생각이 들었습니다. 부동산 중개소를 찾아갈 때마다 소장님의 말은 다 옳은 말로 들렸기 때문입니다.

나의, 우리 가족의 전 재산, 심지어 은행 돈까지 끼워서 살 집인데 이게 똥인지 된장인지는 알고 사야겠다는 생각이 번쩍 들었습니다. 값이 내려가지 않을 곳이라는 확신이 필요했고 사도 될 집인지 판단할 수 있는 안목을 키워야 했습니다.

이후부터 저는 단기간에 최대한 많은 인풋을 하기 위해 목표일을 정해 두고 공부를 시작했습니다. 우리 부부의 목표는 반년 안에 청약이든 구축 아파트든 첫 집을 계약하는 것!

책과 유튜브 등 우리 부부에게 지금 필요한 지식이 담긴 콘텐츠라면 종류를 가리지 않고 살펴보았고, 오프라인 강의가 듣고 싶으면 남편과 서로 번갈아 가며 다녀오곤 했습니다. 강의를 듣고 와서는 상대방에게 강의 내용을 설명해 주며 핵심만 알차게 뽑아냈습니다.

출·퇴근길과 점심시간에는 지역분석, 전화 임장, 책 읽기 등에 집중했고 퇴근 후 밤 12시부터 새벽 3~4시까지 남편과 의견을 나누며 인풋 활동에 박차를 가했습니다. 지도나 어플을 활용해 궁금한 점을 모두 정리해 두었다가 리스트를 만들어 현장을 방문하기도 했습니다.

"왜 이 아파트는 옆 아파트랑 가격 차이가 이렇게 많이 나지? 역세권이라고 하는데 정말 걸어서 갈 수 있나? 동네 주민들은 이 중에서도 어디를 제일 선호할까? 이 동네 근처에 GTX가 생긴다는데 어느 지역까지 영향을 미치려나?" 하는 식으로 현장에서는 궁금증에 대한 답을 찾고 중개소 소장님께는 종잣돈 금액을 솔직히 말씀드리며 좋은 물건이 나오면 꼭 연락해 달라고 부탁을 드렸습니다.

첫 임장 때와 달라진 점이 있다면 공부를 하기 전에는 중개소 소장님의 의견에 많이 의존했는데 공부를 시작한 뒤로는 제 관점에서 이 지역이 괜찮은지 분석하고, 공부한 내용을 현장에 적용해 보며 투자처 보는 눈을 길렀다는 점입니다.

이렇게 몇 달간 이론과 현장 공부를 병행하니 조금씩 판단력이 늘어가는 것을 저 스스로도 느낄 수 있었습니다. 시간이 부족한 만큼 효과적으로 공부하고 시간을 활용하는 요령도 하나씩 체득해 나갔습니다.

그러던 어느 날, 임장을 마치고 돌아오는데 이제는 내가 세운 가설과 기준에 맞춰 뭔가를 결정해도 되겠다는 느낌이 들었습니다.

'이제 때가 된 것 같아. 우리 집을 살 때.' 그 직감과 함께 우리 부부가 세운 목표일도 코앞으로 다가오고 있었습니다. ¶

실행력
: 처음으로 내 집을 갖게 된 날

아직도 기억이 생생합니다. 처음으로 제 이름으로 된 집을 계약한 바로 그 날. 세입자 입장에서 전세 계약서에 사인을 한 날이 아니라 집주인이 되어 계약서에 사인을 했던 날. 저에게 너무 의미 있고 역사적인 날이었습니다.

그 아파트를 처음 본 날은 2년 전 우리 부부의 결혼기념일이었습니다. 친정 엄마께서 자유 부부 찬스를 선물로 주셔서 남편과 좋은 레스토랑에 가기로 약속한 기분 좋은 날이었습니다. 퇴근을 기다리며 그날도 어김없이 간단히 점심을 먹고 남은 시간 동안 '내 집 찾기'에 몰입하고 있었습니다.

며칠 전, 회사 동료가 괜찮은 동네가 있다고 말해 줘서 그 동네를 검증해 보는 시간이었습니다. 사실 동료가 말해 준 지역은 크게 관심을 두지 않았던 곳이라 가볍게 들었지만 그래도 한번 확인만 해보자는 생각에 지역분석과 전화 임장을 해보았습니다. 바로 그때 제 머릿속을 스치고 지나가는 한 마디, "유레카!" 한 지역의 대장 아파트(해당 지역을 대표하는 고가의 아파트)가 인근 지역의 대장 아파트보다 유독 눈에 띄게 싸다는 점을 발견한 것입니다.

'여기는 왜 이렇게 싸지? 1억 원에서 1억5,000만 원까지는 그렇다 쳐도 3억 원 이상은 좀 심한데? 다른 사람들도 나처럼 이 지역에 대해 선입견을 가지고 있는 건가?'

정말 입지적으로 차이가 있는 건지, 사람들이 아직 이 아파트의 존재감을 잘 몰라서 상대적으로 저평가되어 있는 건지 궁금했습니다. 왠지 모르겠지만 오늘 당장 이 지역을, 이 아파트를 제 두 눈으로 확인해 보고 싶다는 욕구가 마구마구 솟아올랐습니다. 그래서 결국 30분 일찍 퇴근해 그 지역의 대장 아파트를 보러 가기로 마음먹었습니다.

"여보, 나 이 아파트는 꼭 가봐야 할 것 같아서 그러는데 먼저 레스토랑에 가 있을래? 내가 빨리 가서 보고 브리핑 조금만 듣고 갈게. 조금만 기다려 줘."

다행히 남편이 양해해 줘서 저는 빠르게 이동해 아파트를 직접 돌아보고 중개소 소장님께 브리핑을 들을 수 있었습니다. 미리 준비해 간 질문에 대한 답을 하나씩 듣다 보니 제가 생각했던 결론에 확신이 들었습니다. 입주를 시작한 지 얼마 안 된 아파트라 인근 지역보다 상대적으로 가치를 인정받지 못하고 있는 곳이었습니다.

다만 문제는 전세가격이 너무 낮아 가용자금 안에는 들어오지 않는다는 것이었습니다. 하지만 희소성, 호재, 입지 등을 따져 봤을 때 이 지역이 딱이라는 생각이 들어 놓치고 싶지 않았습니다. 그래서 남편과 밥을 먹으며 오랜 시간 이야기를 나눈 후 며칠 동안 중개소를 예약 방문하며 15개월 된 아이와 함께 열심히 집을 보고 또 보았습니다.

그리고 마침내, 마지막에 방문한 부동산에서 저희 부부는 기적적으로 가용자금에 딱 맞는 집을 만나게 되었습니다. 처음에 생각했던 대장 아파트는 아니었지만 바로 옆에 위치한

신축 아파트였고 대장 아파트를 따라 가격이 오를 수밖에 없는 곳이었습니다. 입주한 지 2개월밖에 안 됐지만 집주인 할머니께서 자녀들에게 재산을 나눠 주기 위해 내놓은 집이었습니다.

이제는 드디어 도장을 찍어야 할 시간. 하지만 인생에서 처음 해보는 어마어마한 결정인지라 저희 부부는 그 자리에서 선뜻 도장을 찍을 엄두가 나지 않았습니다. 모든 게 다 이 아파트가 맞다고 하는데 그 마지막 한 방을 실행하기가 어찌나 어렵던지. 그래서 소장님께는 "저희 조금만 생각해 보고 다시 올게요"라고 이야기한 뒤 근처 식당으로 향했습니다.

"여기가 투자처로 괜찮은 이유는?"

"집값이 더 오르긴 할까? 그렇게 생각하는 이유는 뭐야? 호재가 있어? 정말 될 만한 호재야?"

"집값이 내려가더라도 이 집은 가격 방어가 될까?"

"이 지역에 살고 싶어 하는 사람들이 많을까? 수요가 충분한가?"

서로 번갈아 가며 질문을 던졌고 각자 생각하는 답을 제

시하며 우리가 계약금을 보내도 될지, 이 집을 첫 투자처로 결정해도 될지 의견을 나눴습니다.

그리고 마침내 결정을 내렸습니다. 이 아파트를 사기로 말이죠!

"진짜 계약금 보내? 보내도 후회 없는 거 맞지? 진짜 보낸다? 진짜다?!"

그동안 살펴봤던 곳 중 이곳이 최선의 선택이 될 것이라는 데에 남편과 제 생각이 일치했습니다. 그래서 소장님께 전화를 걸어 말했습니다.

"이 집으로 계약할게요, 소장님. 저희, 결정을 내렸습니다."

다시 부동산으로 가서 집주인을 만나 한 시간 동안 밀당을 한 끝에, 저희 부부는 이 지역에 도착한 지 8시간 만에 손을 바들바들 떨며 가계약금 1,000만 원을 입금했습니다. 평생 잊지 못할 첫 집이 그렇게 저희 가족의 품으로 들어왔습니다. ¶

부동산 투자자의
이상과 현실

남편과 내 이름이 나란히 적힌 계약서를 작성한 날 밤. 밥을 안 먹어도 든든하다는 표현이 딱 맞을 것 같았습니다. 물론 계약서에 도장 탕탕 찍고 남편과 축하 맥주와 고기까지 배부르게 먹었지만 말이죠.

우리 가족이 발 뻗고 살 집 하나 가져 보겠다는 소망 하나만으로 달려왔던 지난날들이 떠올라 얼마나 밤잠을 설쳤는지 모릅니다. '정말 우리 집인가? 잘 결정한 거겠지?' 염려와 걱정이 들면서도 어찌나 뿌듯하고 기뻤는지 그 날의 공기, 기분, 남편과의 대화, 웃음, 이런 세세한 것들이 아직까지도 제 마음속에 생생하게 남아 있습니다.

이후 너무 감사하게도 첫 집은 잔금을 치르기도 전에 가격이 조금씩 올랐습니다. 저희 부부가 1년 동안 열심히 모은 돈보다 더 많은 돈이 첫 집을 산 지 얼마 되지 않아 만들어졌습니다.

자산이 빠르게 불어나는 것을 두 눈으로 확인했을 때의 신기함은 이루 말할 수 없었습니다. 서울 집값은 이미 오를 대로 올라서 떨어질 일만 남았다며 남들이 다 뜯어말릴 때, 저는 꼼꼼히 따져 가며 비교하고 분석한 보람이 있었습니다. 그만큼 첫 투자는 가히 성공적이었습니다.

이렇게 근로소득 외 자산을 불리는 방법을 알게 된 이상 다시 예전으로 돌아갈 순 없었습니다. 부의 추월차선에 올라타기 위해 더 적극적으로 투자 공부에 임했고, 이후 저는 꾸준히 새로운 기회를 찾았습니다. 그러면서 물리적으로 부족한 시간을 보완하기 위해 최대한 손이 덜 가는 투자 방법을 찾으려 노력했습니다.

노력 끝에 찾은 방법은 관리 단계를 최소화할 수 있는 신축 아파트나 신축 아파트가 들어설 가능성이 있는 지역의 재개발과 분양권 종목이었습니다. 15년 혹은 20년 이상 된 구축 아파트는 누수와 리모델링 문제로 세입자와 갈등이 생길 수 있다는 말을 많이 들었기 때문입니다. 회사를 다녀야 하는 입장이니 문제가 생겨도 자주 가볼 수 없어 세웠던 신축 아파트 투자 전략은 좋은 것만 가격이 더 많이 오르는 부동산의 질적 시장 상황과 맞물려 좋은 성과로 이어졌습니다.

여기까지 이야기하면 제 주변 지인들도, 블로그 이웃 분들도 참 좋겠다고, 부럽다고 이야기하십니다. 하지만 마냥 좋아 보였던 투자자의 현실은 이상과 참 달랐습니다. 첫 계약서를 쓰고 자신감이 한껏 올라 있던 저를 좌절하게 만들었던 계약 불발 사건, 그리고 투자를 거듭하면서 겪어야 했던 난감한 일들. 세상은 역시 녹록지 않다는 걸 매일매일 배우는 날들이었습니다.

첫 계약을 마친 후 다시 기회를 모색하던 저희 부부는 갈매라는 지역을 알게 되었습니다. 구리시와 서울시 사이에 있는 지역이라 서울 접근성도 뛰어나고 신축 아파트로만 이루어져 있어 젊은 부부들이 많이 이사를 가는 곳이었습니다.

마지막 새 아파트가 입주를 시작한다는 이야기를 들은 저는 나들이 겸 남편과 함께 임장을 나가 보았습니다. 중개소 소장님의 이야기를 들어 보니 입지도 좋고 이름 있는 브랜드의 아파트라서 아무리 봐도 가격이 오를 수밖에 없어 보였습니다. 게다가 구경이나 해보자며 들른 곳에서 가용자금에 딱 맞는 집까지 발견! 필로티 1층집이라 분양가도 저렴했고 하천 뷰(View)라서 어린아이들이 있는 가족이 살기에 딱 맞는 집이었습니다.

한참을 구경하고 난 뒤 놀이터에서 아이와 놀아 주며 남편과 많은 이야기를 나누었습니다. 주변 상권이 좋아서 아무리 생각해도 탐이 났고, 정 안 되면 우리 가족이 들어와서 살아도 나쁘지 않은 곳이었습니다.

오랜 토론 끝에 그 집을 계약하기로 결정한 저희 부부는 집주인 쪽에서 오늘 안에 계약서를 써야 한다고 해서 중개소를 다시 찾았습니다. 그런데 집주인을 기다리던 중 갑자기 일이 생겨 3시간만 기다려 달라는 연락을 받았고, 아이 기저귀도 분유도 여유 있게 가져온 것이 아니라 불안하긴 했지만 그분들의 일정에 맞춰 기다려 보기로 했습니다. 하지만 약속 시간이 1시간이나 지나도 집주인이 오지 않았는데, 이야기를 들어 보니 집주인 쪽 부부의 의견이 합의되지 않아 부동산 밖에서 논의를 하고 있다는 것이었습니다.

갑자기 목 뒤에서 뜨거운 기운이 올라왔습니다. 이미 계약을 하기로 이야기가 됐는데 사람을 이렇게 기다리게 하다니요. 더 화가 나는 일은 집주인 쪽에서 결국 집을 팔지 못할 것 같다는 이야기를 전했을 때였습니다. 상대방의 일방적인 요구에 맞춰 4시간이 넘게 기다렸는데 이렇게 허탈한 결과라니. 아이 기저귀도 다 떨어져서 가지고 있던 천으로 대신 하고 있던 차에 그 말을 들으니 너무 화가 났습니다.

기름값이라도 주겠다는 집주인의 팔을 뿌리치고 집으로 돌아오던 길, 차 안에서 아이를 안고 얼마나 울었는지 모릅니다. 이런 대접을 받으려고 투자를 시작했나 싶기도 하고 아무것도 모른 채 함께 기다려 준 아이에게 너무 미안했습니다. 조금이라도 더 나은 삶을 살아 보려고 노력하는데 모든 일이 마음먹은 대로 되는 건 아니었습니다. 이렇게 험난한 여정이 우리를 기다리고 있을 줄은 꿈에도 몰랐습니다.

이외에도 투자한 아파트에 세입자가 구해지지 않아 있는 돈, 없는 돈 다 끌어 모아 잔금을 맞추고 세입자를 구할 동안 대출 이자를 갚느라 맘고생한 날도 여러 날이었습니다. 이자를 내느라 지금 살고 있는 집 월세를 낼 돈이 없어지기도 하고, 정기 구독하는 아이들 장난감이 끊기기도 했습니다. 왜 장난감이 안 오냐는 아이의 물음이 어찌나 난감하던지요. 어느 날은 아이가 단골 요구르트 판매원 분께 "아줌마, 엄마가 돈이 없어서 저는 이제 요구르트를 못 먹을 것 같아요"라고 이야기하는 웃지도, 울지도 못하는 상황이 벌어지기도 했습니다.

투자라는 것은 아무리 리스크를 줄이려고 해도 계획대로 되지 않아 예상치 못한 어려움을 겪을 때가 많습니다. 매번 다르게 문제가 발생하다 보니 순간순간이 고비처럼 느껴지기도 합니다. 역시 이론과 실전은, 현실과 이상은 천지 차이였습니다. 마냥 부럽기만 하고 좋아 보이던 집주인, 그리고 부동산 투자자들의 현실은 상상 그 이상이었습니다.

하지만 이러한 어려움에도 불구하고 저는 부동산 투자를 시작한 것을 후회하지 않습니다. 무엇보다 지금까지 경험해 보지 못한 속도로 자산이 늘어나는 것이 참 기쁩니다. 나에게 맞는 투자 종목을 찾아 공부하고 방법을 터득할수록 자산을 불릴 수 있는 나만의 무기가 생기는 듯해 늘 부족했던 잠,

힘들었던 시간도 이겨낼 수 있었습니다.

내가 마음먹고 진행했던 노력이 큰 보상으로 돌아올 때만큼 기쁜 일이 없습니다. 이러려고 그 고생을 겪었나 싶을 정도로 말이죠. 역시 노력, 고난 없이는 그 어떠한 것도 쉽게 얻을 수 없는 것 같습니다. 그래서 저는 오늘도 할 수 있는 범위 내에서 최선을 다하기 위해 노력합니다. ¶

워너비 아파트를 향하여

부동산 투자를 시작한 지 3년의 시간이 흘렀습니다. 제가 처음 부동산 투자를 시작하기로 마음먹었을 때 정했던 목표인 '내 집 마련'. 저는 지금 제 집에서 살고 있을까요?

결과적으로는 아직 제 이름으로 계약한 집에서 살고 있진 않습니다. 전셋집에서 더 이상 못 살겠다며 다짐하던 때가 생생한데 저는 지금 무려 월셋집에 살고 있습니다. 참으로 아이러니한 상황이 아닐 수 없습니다.

하지만 그때와 지금, 저의 상황이 똑같을까요? 저는 당당하게 아니라고 말씀드릴 수 있습니다. 지난 2년 동안 자산은 10배 이상 늘어났고, 5년 뒤에는 공원과 하천을 낀 새 아파트로 입주할 준비를 마쳤기 때문입니다. 이제 집주인이 나가 달라고 해도 더 이상 우울하거나 불안하지 않습니다.

아무런 대안 없이 이사를 가야 하는 상황과 준비가 된 상태에서 현재의 불편함을 감수하는 상황은 하늘과 땅만큼 차이가 납니다. 우리 가족을 기다리고 있는 더 나은 미래를 향해 걸어가는 과정 중 하나일 뿐이라고 생각됩니다. 이제는 오히려 아이들이 어릴 때 조금 더 고생해서 경제적 자유를 빨리 맞이하기 위해 최선을 다하고 있습니다.

요즘 저는 투자 초기보다 더 바쁘게 살고 있습니다. 공부를 얼추 했으니 투자만 해도 되지 않을까 싶지만 빠르게 변하는 시장 흐름과 정부 정책이 미칠 영향 등을 공부하느라 여간 정신 없는 것이 아닙니다.

그리고 여전히 새로운 투자처를 찾을 땐 남편과 장시간 논의와 검증 과정을 거칩니다. 일련의 과정에 익숙해졌다고 해서 긴장을 놓아 버렸다가는 순식간에 상황이 역전된다는 걸 항상 염두에 두고 있습니다. 아는 만큼 보이고, 뛰는 만큼 기회가 오는 것을 알기에 그 찰나를 포착하기 위해서 오늘도 저는 바쁘게 돌아다닙니다.

또한 저희 부부는 한 가지 실험을 해보고 있습니다. 우리만의 '부의 공식'을 만들기 위해 여러 가지 가설을 세우고 투자를 해보는 실험입니다. 자산 포트폴리오를 큰 관점에서 세팅하고 1년, 반년, 분기마다 점검하면서 10년 이상 가지고 있어도 좋을 장기 투자처와 4~5년 가지고 있을 만한 중기 투자처, 2~3년만 가지고 있다가 팔 단기 투자처를 찾는 식입니다.

저는 이 공식을 '짱돌과 잔잔바리의 법칙'이라고 부릅니다. 가용자금 내에서 살 수 있는 가장 좋은 아이를, 오래 가지고 있어도 걱정이 안 될 짱돌을 하나 박아 둔 뒤 조금 더 다양한 시도를 해볼 수 있는 잔잔바리를 찾는 것입니다. 이때 시도하는 투자 방법은 그때그때 상황에 맞게 다양하게 적용해 보고 있습니다.

이런 투자 방식은 저희 가족의 삶에도 많은 변화를 가져왔습니다. 자산 포트폴리오를 우리 가족 계획에도 적용해 1년, 반년, 분기마다 목표를 세워 이뤄 가는 습관을 가지게 된 것입니다. 이를 통해 저희 가족은 전보다 더 돈독해졌고 서로를 이해하고 응원할 수 있게 되었습니다. 통장도 두둑해졌지만 저희 가족의 사랑도 이 안에서 함께 자라고 있습니다.

그래서 저는 지금, 참 많이 행복합니다. 나의 미래, 우리 가족의 미래가 더 나아질 것이 분명하니 오늘보다 내일이 기대되는 하루하루를 보내고 있습니다.

그러니 주변의 우려, 걱정에는 잠시 귀를 막고 내 안의 욕망에 귀를 기울여 보세요. 그리고 시작해 보세요. 무엇을 하든 지금보다는 더 나은 내일이, 더 멋진 미래가 기다리고 있을 것입니다. 세상의 수많은 워킹맘들이, 육아맘들이 저와 함께 행복한 경제적 자유를 맞이했으면 좋겠습니다. ¶

Chapter 5.

실전편 Ⅱ
: 사회적 자유를 위한 두 걸음,
'블로그'

블로그를 통해
진짜 '나'를 만나다

　　행복한 경준녀가 되기 위해서는 경제적인 자립뿐만 아니라 사회적인 자립도 필요하다고 생각합니다. 누구의 엄마이자 누구의 아내만이 아니라 '나'라는 사람도 사회에서 할 수 있는 일이 있고 도움을 줄 수 있습니다. 내가 좋아하는 일을 하는 삶, 지금보다 더 행복할 수 있는 삶을 사는 방법을 저는 꼭 찾고 싶었습니다.

　　제게 살아온 인생 중 터닝포인트를 찾으라면 한 가지는 부동산 투자 공부로 경제적 자유 준비를 시작한 것이고, 또 다른 한 가지는 블로그에 내 이야기를, 내 글을 쓰기 시작한 것입니다. 그만큼 블로그라는 공간 자체가 지금 저에게는 의미가 큰, 삶의 일부가 되었습니다.

블로그를 시작하기 전에도 싸이월드나 카카오스토리, 페이스북 등 유행하는 SNS를 하긴 했었습니다. 그런데 이런 SNS는 인맥을 기반으로 운영됐기 때문에 지인들, 가족들을 비롯해 회사 동료, 심지어 회사 상사와도 연결이 되어 있어 오프라인이 온라인으로 그대로 이어진 세상이었습니다.

이런 공간에서는 '진짜' 내 모습보다는 남에게 보여 줘도 괜찮은 모습, 회사 상사가 알아도 문제없는 사생활, 정제되고 가려진 생각, 이야기들만 기록될 뿐이었습니다. 그래서 대부분의 게시물은 예쁜 카페에서 커피를 마시거나 책을 읽는, 혹은 분위기 있는 레스토랑에서 신이 난 모습이라는 걸 SNS를 하는 분이라면 공감하실 거라고 생각합니다.

그래서 처음 블로그를 시작하려고 할 때도 거부감이 없었다면 거짓말입니다. 온라인에서 만난 상대와 진심 어린 관계를 맺긴 어려울 것이라고 믿고 있었기 때문입니다. 또한 블로그는 왠지 글을 길게 써야 할 것 같아 시간이 많이 필요한

소통창구라고 생각했습니다. 이러한 고민 속에 시작했던 블로

그라서 그런지 처음에는 아주 가벼운 기록들만 남기곤 했었습

니다. 나만의 비밀 일기장 같은 느낌으로 말이죠.

블로그 닉네임도 가볍게 생각해 제가 제일 좋아하는 영

화의 제목을 따 왔습니다. 바로 <500일의 썸머>의 '썸머'입니

다. 자신의 삶에 솔직하고 자유분방한 그녀, 썸머. 지금 제 삶

은 육아와 회사에 묶여 있지만 언젠가는 썸머처럼 자유롭게

열정적이게 에너지 넘치게 살고 싶었습니다. 또한 여름이라는

계절이 주는 싱그러움과 초록의 에너지 그 자체가 제게는 충

분히 매력적이었기에 '그래! 썸머로 하자!'라고 결정하게 되었

습니다. 닉네임이라도 같은 이름을 붙이면 그 삶에 조금이라

도 더 빨리 다가갈 수 있을 것 같았습니다. 지금은 제가 하는

'경준녀' 활동에 좀 더 집중하기 위해 '경준녀 썸머'로 닉네임

을 변경한 상태입니다.

저는 주로 부동산 투자 공부를 하면서 기억해 두고 싶은

것을 적거나 임장을 다녀온 뒤 느낀 것, 중개소 소장님의 의견

등을 간단히 기록해 두었습니다. 가끔은 아이들 이유식 만드

는 과정을 정리해 두거나 속상한 일이 있을 땐 마음을 털어놓

는 비밀 공간으로 활용하기도 했습니다. 누군가와 소통을 하는 장이라기보다는 언젠가 다시 필요할 것 같은 정보를 기록하는 곳이었습니다.

그런데 정말 신기한 일이 벌어졌습니다. 어느 순간부터 제 글에 하나둘씩 댓글이 달리기 시작했습니다. '어랏, 왜 이 글을 읽지? 내가 쓴 글을 보러 오는 사람이 있네?' 누군가 내 글을 읽는 경험은 참 신기했습니다.

그리고 "너무 잘 봤습니다. 좋은 글 감사합니다. 도움이 되었습니다"라는 댓글이 달릴 때마다 뭔지 모를 설렘이 생겼습니다. 이때부터 블로그에 더 애착이 가기 시작했습니다. 그래서 글도 전보다 더 잘 쓰려고, 좋은 내용을 담으려고 노력했던 것 같습니다.

사실 사람들은 생각보다 나에게 관심이 없습니다. 하지만 우리는 체면을 위해, 혹은 위상을 지키기 위해 남의 시선을 의식하곤 합니다. SNS에 글을 쓸 때도 마찬가지입니다. 다른 사람들이 나를 어떻게 생각할까 하는 걱정에 정성스레 찍어 놓은 사진을 게시하지 못할 때도 있습니다.

그런데 블로그는 사진이 아닌 글을 기반으로 한 공간이

어서 그런지 모르는 사람들을 대상으로도 더 편하게, 의식하지 않고 글을 쓸 수 있었습니다. 이것이 제가 느낀 블로그의 큰 매력이었습니다. 나는 여전히 나인데, 내가 가려져서 편한 공간이 생긴 것입니다.

신기하게도 블로그라는 세상에서 저는 오히려 '나'라는 사람에게 더 집중할 수 있었습니다. 내가 하고 싶은 이야기가 무엇인지, 내가 무엇을 좋아하는지를 꾸밈없이 꺼내 보일 수 있었습니다. 다른 사람이 나를 어떻게 생각하는지는 중요하지 않았습니다. 이곳에서는 제 이름도 필요하지 않았습니다. 저는 '썸머'라는 새로운 사람으로 다시 태어나 내가 원하는 진짜 모습 그대로, 세상과 소통하기 시작했습니다. ¶

맘캔부잇
: 부동산 투자 초보 엄마들의 스터디

둘째 아이를 출산하고 조리원에 들어갔을 때의 일입니다. 우연히 이웃 블로그를 통해 오프라인 스터디 플랫폼에서 새로운 스터디 길잡이를 모집한다는 소식을 보게 되었습니다. 그 글을 보자마자 저는 지금 막 출산한 산모라는 사실도 잊은 채 가슴이 콩닥거리기 시작했습니다. '남들보다 한 걸음 앞선 사람이 그 길을 안내해 주는 길잡이가 되어 주면 좋겠다'라는 문장이 제 마음속에, 머릿속에 쿵! 하고 박혔던 것입니다.

'이거다! 도전해 보고 싶다!'

단순히 길잡이가 하고 싶다는 것을 넘어, 제가 처음 부동산 투자 공부를 시작했을 때가 떠올랐습니다. 얼마나 불안하고 우왕좌왕했는지 모를 지경이던 그 시절. 멘토 한 명만 있어도 이렇게 힘들진 않을 텐데 하던 아쉬움, 남들만큼 나도 빨리 성과를 내고 싶다는 절박함.

그리고 여전히 근로소득에 100% 의지하고 있는, 언제 경단녀가 될지 몰라 불안하면서도 어디서부터 어떻게 시작해야 할지 모르는 제 주변의 워킹맘 동료들이 생각났습니다. 그래서 그들이 저보다는 좀 더 편하게 시작했으면 하는 마음이 강하게 들었습니다. 엄마들이 경제적 자유를 얻도록 도와주고 싶어서 가슴이 쿵쿵거렸습니다.

이제 막 아이를 낳은 아내가 스터디 길잡이에 지원한다고 하자 남편은 당황한 기색이 역력했습니다. 그런 남편에게 저는 "경쟁률이 워낙 치열해서 내가 될 확률은 엄청 낮을 거야! 근데 지원도 안 해보고 포기하면 너무 아쉬울 것 같아. 지원만 해볼게!"라고 말하고는 조리원에서 나오자마자 길잡이 지원서를 작성해 제출했습니다.

[저와 같이 경단녀가 될까 봐 두려워하는 엄마들을 돕고

싶습니다. '맘캔부잇'! 엄마들도 부동산 투자할 수 있다! 아직 부동산 투자 초보인 엄마들의 스터디를 길잡이로서 이끌고 싶습니다.]

그리고 정말 기적적으로 제가 길잡이로 선정되었다는 연락을 받았습니다. 마치 꿈만 같았습니다. 당찬 포부를 가지고 지원서를 제출했어도 막상 기회가 오니 두렵기도 했지만 고민은 길지 않았습니다.

'까짓거 한번 해보자!!! 최선을 다하면 되지! 부족한 부분이 있으면 함께 채우면 되겠지! 모르겠다, 우선 해보자!'

그렇게 저의 '맘캔부잇' 스터디 여정이 시작되었습니다. 두서없이 흡수했던 지식들을 정리하는 과정은 생각보다 쉽지 않았습니다. 커리큘럼을 짰다가 엎는 과정을 5번이나 반복했습니다.

'투자 초보 스터디니까 처음부터 그래프나 표를 분석하면 너무 어려워서 흥미가 떨어질 거야. 일단 살고 싶은 동네나 아파트를 살펴보는 숙제를 통해 흥미를 키우자.'

제가 처음 공부를 시작했을 때 어렵다고 느꼈던 점을 그대로 반영해 필요한 정보들 위주로 커리큘럼을 짰습니다. 그리고 항상 시간이 부족한 엄마들을 위해 핵심만 전달되도록 자료를 짜임새 있게 정리하였습니다. 고생 끝에 '입지 - 흐름 - 분양권/청약 - 재개발' 순서의 4개월짜리 커리큘럼을 완성했습니다.

처음 스터디 멤버들을 만났던 날. 일주일 동안 밤새워 가며 준비한 자료를 가지고 걱정 반 설렘 반으로 스터디에 참석했습니다. 부산, 대전, 대구 등 전국에서 참여한 멤버들에게 하나라도 더 알려 주고 싶어 저의 경험을 최대한 나누고 또 나눴습니다. 그리고 스터디 내용을 토대로 투자 연습을 할 수 있도록 매주 숙제도 내드렸는데, 저는 이 숙제가 우리 스터디의 핵심이라고 생각했습니다.

부동산을 처음 공부하는 사람에게 가장 어려운 점은 어디를 가서 무엇을 봐야 하는지입니다. 그래서 저는 투자처를 고르는 방법과 기준을 알려드리고 그 기준을 바탕으로 직접 지역을 선정해 보는 연습을 할 수 있도록 과제를 드렸습니다. 시세를 지도에 표시해 보고 중개소를 찾아가 질문에 대한 답을 받아 오는 미션을 드리기도 했습니다. 스터디 날에는 본인이 했던 과제에 대해 직접 발표하고 다른 멤버들의 질문에 답해 보면서 놓친 것은 없는지, 추가로 생각해 보면 좋을 만한 것들이 있을지 토론하는 과정을 거쳤습니다.

이렇게 4개월간 스터디 멤버들은 이론과 실전을 함께 체득하면서 그 지식을 자신의 것으로 만들었습니다. 물론 처음엔 숙제 자체를 부담스러워하신 분도 있었지만 나중에는 숙제 외 지역을 먼저 찾아가는 등의 적극성을 보이기도 하셨습니다. 타인에 의해서가 아니라 스스로 원해서 하는 공부가 된 것입니다. 무엇보다 나도 할 수 있다는 자신감이 커지는 걸 직접 볼 수 있어서 참 좋았습니다.

스터디가 끝나갈 쯤에는 즐기는 자를 이길 수 있는 건 없다는 말처럼 멤버들에게 좋은 성과가 하나둘씩 생겨나기 시작했습니다. 저는 공부를 시작하는 방법, 꾸준히 하는 방법을 안내하기만 했는데 누군가에게 큰 도움이 되었다는 사실이 뿌듯했고 용기를 내보길, 해보길 정말 잘했다는 생각이 들었습니다.

이제 와서 생각해 보면 갓 3개월 된 갓난아기와 천방지축인 어린아이를 함께 돌보며 스터디를 준비했던 일이 상상이 안 갑니다. 하지만 4개월의 대장정을 마치고 나니 저에게도 놀라운 변화가 생겼습니다. 혼자 공부하느라 정리가 잘 안 되었던 방대한 정보들이 체계적으로 정리가 되어 제 부동산 지식도 한 단계 업그레이드되었기 때문입니다.

무엇보다 다른 사람의 변화를 지켜보는 일이 생각 이상으로 큰 보람과 행복을 안겨 주었습니다. '나눔'이 무엇인지 그 가치를 몸소 깨달은 것입니다. 혼자 가는 것보다 함께 가는 것이 훨씬 더 행복하고, 동료의 성장을 함께 하는 것이 얼마나 멋진 일인지 알게 되었습니다.

완벽한 준비라는 것이 과연 존재할까요? 결국 좋은 사람들과 에너지를 나누며 함께 성장해 가는 것이 맞는 것이 아닐까 하는 생각이 듭니다. 그러니 완벽히 준비될 때까지 기다리지 않으셔도 됩니다. 준비가 덜 되었더라도 지금 나눌 수 있는 일이 있다면 함께 하는 것이 사회적 자립의 첫 시작임을 기억하셨으면 좋겠습니다. ¶

시간 부자 프로젝트
: 결핍과 공감의 확장

저는 요즘 제 블로그를 통해 '하루 1시간으로 시간 부자 되기' 프로젝트를 진행하고 있습니다. 시간 부자 프로젝트는 바쁜 일상 속에서 하루에 딱 1시간씩 나만의 몰입시간을 만들어 시간 부자가 되자는 취지의 프로젝트입니다.

처음 이 프로젝트를 시작했을 땐 저만의 콘텐츠가 될 것이라고, 매달 멤버를 모집하는 기수제로 진행될 것이라고는 생각지도 못했습니다. 그저 목표를 이루는 데 강제성을 부여하기 위해 함께 할 사람들을 모집했던 것뿐이었습니다. 그런데 놀랍게도 지금은 많은 사람들이 좋아해 주는 저만의 콘텐츠가 되었습니다.

이 프로젝트를 시작하게 된 계기가 참 재미있습니다. 언젠가 <하고 싶은 일만 하고 살기에도 시간이 부족하다 : 새로운 프로젝트의 시작>이라는 제목으로 블로그에 글을 하나 올린 적이 있습니다. '길고 긴 방황의 끝, 돌고 돌아서 내가 하고 싶은 일, 이루고 싶은 나의 one thing을 찾았다. 그 일이 실현 가능할지는 모르겠지만 하루 1시간 꾸준히 몰입해 보겠다'는 내용을 담았습니다.

저의 one thing은 글쓰기를 통해 책을 내는 것이었습니다. 블로그에 글을 올린 후 나름대로 열심히 일정을 짜 프로젝트를 진행해 보았습니다. 그런데 마감이 없는 프로젝트를 매일 실천하는 건 생각보다 어려워서 급한 일이 생길 때마다 매번 우선순위에서 밀려나곤 했습니다. 그래서 하루 1시간은 꼭 글쓰기에 투자를 해야겠다고 다짐하는 글을 블로그에 공표함으로써 일종의 감시 역할을 부여한 것이었죠. 그런데 이런 제 글에 달린 댓글이 참 인상적이었습니다.

"썸머님의 도전을 응원해요. 저도 자극받았습니다. 썸머님과 함께 하루 1시간 몰입하기 도전해 볼게요! 서로 윈윈(Win-Win)해요!"

내 글을 보고 자극을 받은 사람이 있다니, 함께 해보겠다고 말하는 사람이 있다니! 신기하면서도 전율이 일었습니다. 그리고 깨달았습니다. '내가 느끼는 결핍을 다른 사람들도 느끼고 있구나. 나와 그들의 고민이 맞닿아 있구나'라고 말이죠. 그 댓글 하나가 저에게 큰 울림을 주었고 함께 하고 싶은 사람들을 모아 서로에게 힘이 되어 주면 좋겠다는 생각을 했습니다.

'시간에 쫓기는 삶을 살 것인가, 시간 부자가 되어 하고 싶은 일을 하며 살 것인가! 매일 시간에 쫓기다 보면 정작 나의 목표나 꿈은 뒤로 미루게 된다. 하루에 더도 말고 덜도 말고 1시간씩 꾸준히 쌓아 보자. 내가 하고 싶은 일을 더는 뒤로 미루지 말자.'

그렇게 시간 부자가 되고 싶은 저의 고민을 프로젝트로 만들었고 '같이 할 사람이 있긴 할까?'라는 염려를 비웃듯 멤버 모집은 단 7분 만에 마감되었습니다. 그렇게 저를 포함한

11명의 시간 부자 프로젝트 도전이 시작되었습니다.

글쓰기, 부동산 투자 공부, 독서, 운동, 유튜브 도전 등 목표는 다양했습니다. 하지만 대부분의 멤버들이 처음 해보는 일이었기에 얼마나 좌충우돌했는지 모릅니다. 하루 종일 육아와 회사에 시달린 엄마, 아빠들이 아이를 재우고 졸린 눈을 비비며 1시간을 채웠습니다. 아슬아슬하게 밤 11시 58분, 59분에 "오늘도 겨우 해냈습니다"라는 인증 글을 올리기도 했습니다. 저처럼 새벽에 몰입시간을 진행한 멤버들도 있어서 미션 인증방은 24시간 깨어 있었습니다.

미션 인증 글이 올라오면 너도나도 축하해 주기 바빴고, 힘들어하는 멤버를 격려하는 일도 서슴지 않았습니다. 그래서 그런지 서로 얼굴은 모르지만 그 어떤 팀보다도 끈끈한 동료애가 생겨났습니다.

이렇게 시간 부자 프로젝트를 진행하면서 어떤 멤버는 청약에 당첨되기도 하고, 어떤 멤버는 아이와 함께 한 추억을 유튜브 영상으로 만들어 올렸습니다. 또, 스마트스토어 오픈에 도전해 상품 등록까지 마친 멤버도 있었고 홈트레이닝에 도전해 꾸준히 운동을 하는 멤버들도 있었습니다.

아마 혼자 했다면 쉽게 포기했을 일들을 함께 한다는 것 하나만으로 목표를 향해 달려가게 했습니다. 다른 사람들의 인증글에 자극을 받아 포기하고 싶은 마음을 다잡고 매일 인증을 하게 만들었습니다. 한 달을 채웠다는 뿌듯함, 포기하지 않은 자신에 대한 자신감이 생겨났습니다. 함께 하는 멤버들의 격려와 응원이 좋은 시너지를 낸 건 당연한 것이었고 말이죠.

이러한 변화는 제게 또 다시 큰 감동과 울림으로 다가왔습니다. 아이들, 회사, 가족으로만 채워진 삶을 살아가던 사람들이 스스로를 위한 시간을 만들고, 성장을 하고, 꿈을 가지게되었습니다. 삶을 대하는 마음가짐이 달라졌습니다. 주체적으로 삶을 이끄는 리더가 된 그들의 모습이 참 보기 좋았습니다.

1기가 무사히 마무리된 뒤, 저는 멤버들의 피드백을 반영해 2기 때는 온라인 화상 미팅을 시도해 보기도 했습니다. 올해 연말에는 오프라인에서 서로의 성장 이야기를 듣고 나누는 자리를 만들어 보려고 하고 있습니다. 멤버들끼리 서로에게 도움이 될 만한 것들이 뭐가 있을지 의견을 나누고 보완하면서 조금 더 단단한 프로젝트로 만들어 나가고 있습니다.

저의 결핍을 세상 밖으로 꺼냈고 이를 통해 사람들이 같은 고민을 하고 있다는 것을 알게 되었습니다. 그리고 프로젝트를 진행하면서 저는 제가 좋아하는 일이 무엇인지 구체적으로 알게 되었습니다.

사람들에게 동기부여를 해주는 일이 너무 재미있고, 다른 사람이 성과를 냈을 때 느껴지는 보람이 너무 좋았습니다. 제가 이룬 것만큼이나 타인의 성취가 저를 기쁘게 했습니다. 블로그가 사회적 자립을 위한 아주 훌륭한 창구라는 걸 다시 한번 깨달은 것입니다. 앞으로 이 창구를 통해 여러 프로젝트를 시도해 볼 수 있겠다는 확신을 얻었습니다.

그러니 나의 결핍과 고민을 드러내는 것을 두려워하지 마세요. 가장 개인적인 것이 가장 보편적이라는 말처럼, 내 결핍이 타인의 결핍과 맞닿아 있을 수 있습니다. 그리고 그 결핍이 확장될 때 함께 하는 프로젝트로 발전할 수 있습니다.

처음부터 완벽할 수 있나요? 하나씩 시도해 보고 피드백을 반영하면 조금씩 더 나은 방향으로 성장할 수 있습니다. 나의 고민과 결핍을 꽁꽁 싸매서 감추지 마세요. 결핍 속에서 가장 빛나는 나의 콘텐츠를 찾을 수 있습니다. ¶

경준녀 프로젝트
: 경험을 나누는 기쁨

제 블로그의 이웃이 5,000명이 된 날이었습니다. 5,000명
이나 내 글을 보고 있다니…. 그동안 제가 글을 올릴 때마다
댓글로 꾸준히 용기를 준 분들에게 감사의 마음을 표현하고
싶었습니다. 그래서 블로그 이웃 분들을 대상으로 이벤트를
진행했습니다. 저와의 브런치 데이트, 제게 도움이 됐던 부동
산 투자 책 선물, 커피 기프티콘 등 다양한 선물을 준비해, 받
고 싶은 선물을 이유와 함께 작성해 신청해 달라고 했습니다.

그런데 예상했던 것과는 다르게 저와의 브런치 데이트를

신청해 주신 분들이 압도적으로 많았습니다. '이게 무슨 일이지?' 얼떨떨하고 신기했습니다. 같은 워킹맘으로서 작든 크든 매일 무언가에 도전하는 제게 용기와 격려를 받고 싶다는 분, 부동산 투자 공부를 시작해 보고 싶은데 뭐부터 시작해야 할지 막막해 경험담을 듣고 싶다는 분, 출산과 육아를 겪으며 점점 나를 잃어가는 듯해 고민이라는 분, 심지어는 출산을 이유로 퇴사한 와이프와 만나 달라는 남편분의 신청까지 이유도 정말 다양했습니다.

그 전에도 블로그 비밀 댓글로 저에게 고민을 털어놓는 분들이 있긴 했지만 아직은 솔루션을 제시할 수 있는 위치가 아니라고 생각해 부담과 미안함을 느끼곤 했습니다. 하지만 블로그 이벤트를 통해 들어온 사연들을 보면서 저의 마음이 조금씩 움직이기 시작했습니다.

제게 본인의 이야기를, 그 깊은 속마음을 꺼내 보여 준 사람들이 머릿속에 자꾸 맴돌았습니다. 그리고 '그냥 그들의 고민을 들어 주는 것만으로도 도움이 될 수 있진 않을까? 나도 겪었던 문제를 똑같이 고민하는 분들이 많으니까 그냥 내 이야기를 들려주면 기분이라도 조금 나아지지 않을까?' 하는 생각을 하게 되었습니다.

저도 처음 워킹맘이 되었을 때, 부동산 투자 공부를 시작했을 때, 블로그와 생산자로 도전했을 때 등등 그 '처음'을 맞닥뜨렸을 때 잘하고 있다는 격려를 해줄 멘토가, 혹은 동료가 있었으면 좋겠다는 생각이 간절했습니다. 그래서 누군가에게는 저의 경험이, 잘하고 있다는 격려가 힘이 될 수 있겠다는 생각이 들었습니다. 그렇게 저는 '경준녀 프로젝트'라는 이름의 워킹맘 멘토링을 시작했습니다.

이후 프로젝트를 통해 만난 분들과 이야기를 나누어 보니 정말 제가 예전에 했던 고민을 그분들도 똑같이 하고 있었습니다. 둘째 아이 출산 후 변하게 될 삶에 대한 막막함, 내 시간을 어떻게 활용해야 하는지에 대한 두려움, 아이와 함께 행복하게 살 집을 마련하고 싶다는 간절함, 경력 단절 이후의 삶을 어떻게 이끌어 나갈지에 대한 공포감, 현실이 그저 너무 버거운데 어떻게 마인드 컨트롤을 해야 하는지에 대한 난감함 등…. 제가 치열하게 싸웠던 고민들을 다시 마주하며 그녀들의 성장통을 함께 느낄 수 있었습니다.

여러 분을 만나면서 공통적으로 질문을 주셨던 것들이 몇 가지 있습니다. 그중 하나가 '새벽 기상'에 대한 질문이었는데,

제가 매일 새벽 3시나 5시에 일어나는 게 너무 신기하다며 비법이 있으면 알려 달라는 내용이었습니다.

저라고 처음부터 새벽 기상이 쉬웠냐 하면 당연히 거짓말입니다. 많은 분들이 새벽 기상이 어려워 스스로에게 실망한다고 하시는데, 저 역시도 새벽 기상을 해내지 못해 좌절했던 적이 많습니다. 그래서 잘 안 될 때는 혼자 자책도 많이 했는데 생각해 보니 새벽 기상이 잘 될 때는 그 시간에 내가 해야 할 일들이, 목표가 뚜렷했을 때였습니다. 그 목표를 이루기 위해선 새벽 기상을 반드시 해야 했기에 아무리 피곤해도 일어날 수 있었던 것이지요.

'잠을 줄여야 한다', '새벽에 반드시 일찍 일어나야만 한다'가 목표가 되어서는 안 됩니다. 그 목표를 이루기 위해 가장 효율적으로 움직일 수 있는 시간을 스스로 찾아내는 것이 중요합니다.

저는 글쓰기와 운동을 하기로 마음먹었을 때 새벽 5시에 일어나 1시간 동안 글을 쓰고 새벽 6시부터 남편과 운동을 했습니다. 때로는 완전히 깜깜한 새벽에 글이 잘 써지는 듯해 새벽 3시에 일어나 글을 쓰기도 했습니다. 이렇게 내 목표에 맞는 시간대를 찾아 그 시간을 어떤 식으로 활용할지 최대한

의 방법을 찾는 것입니다.

새벽 기상은 내 목표를 이루기 위한 하나의 수단일 뿐, 새벽 기상 자체가 목표가 되어서는 안 됩니다. 그 시간에 꼭 일어나야 하는 이유가 무엇인지 먼저 생각해 보세요. 그때부터는 새벽 기상이 한결 수월해질 겁니다.

또 다른 질문 중에는 저의 시간 관리 방법이 궁금하다는 이야기가 있었습니다. 하루는 24시간으로 정해져 있는데 제가 시간을 쓰는 걸 보면 다른 세상에 있는 것 같다고 하셨습니다.

시간 관리 또한 저도 초반엔 시행착오를 많이 거쳤는데, 목표 달성에서 제가 가장 중요하게 생각하는 것은 '강약 중간 약'의 우선순위 세우기입니다. 하루에 할 수 있는 일의 양은 정해져 있으므로 내가 아무리 노력한다고 해도 매번 목표치를 달성할 순 없습니다. 그렇다면 어떤 일이 더 중요한지 우선순위를 정하는 것이 참 중요합니다.

지금 내가 부동산 투자에 제일 관심이 많고 투자 성공이 목표라면 일단 부동산 투자 공부에만 매진해야 합니다. 다른 어떤 일보다 이 일이 우선이 되어야 하고 아무리 힘들어도 쉽게 포기하지 말아야 합니다. 모든 일에는 기복이 있는데 오늘 따라 공부가 잘 안 된다고 해서 내려놓고 다른 일을 하거나 한동안 쉬어 버리면 그 목표를 이루지도, 시간을 제대로 쓰지도 못합니다.

그러니 지금 꼭 이루고 싶은 목표를 하나 세우고, 그 목표를 이루기 위한 공부가 습관이 들면 그 뒤에 다른 한 가지를 더 시도하는 것이 좋습니다.

한 분은 스트레스를 어떻게 조절하고 관리해야 할지 모르겠다고 하셨었는데, 저는 온종일 육아를 하며 쌓인 답답함이 폭발할 것 같을 때 산책을 자주 했습니다. 남편에게든 아이에게든 짜증이 늘었다 싶은 순간이 오면 하던 일을 잠깐 멈추고 아파트 주변을 한 바퀴 돌거나 근처 산책로에 가서 소리를 한번 시원하게 지르고 옵니다.

내 부정적인 감정이 가족에게로 향하기 시작하면 그 순간에는 해소가 될지 몰라도 상황은 나아지지 않습니다. 오히려 악화되지요. 그래서 감정이 너무 쌓여 폭발하지 않도록 그때그때 조금씩 푸는 방법을 찾아야 합니다.

또한 아이를 돌보다 보면 정작 나를 챙기지 못할 때가 많은데, 내가 나를 이뻐해 주는 게 참 중요합니다. 첫째 아이를 키울 때는 너무 정신이 없고 힘들어서 끼니를 대충 때울 때가 많았습니다. 하지만 요즘 저는 한 끼를 먹더라도 좋아하는 그릇에 좋아하는 음식을 담아 먹습니다. 그렇게 '나'를 대접해 주며 오늘도 잘 해내고 있음에 보상을 주곤 합니다. 내가 나를 가장 아껴 주고 사랑해 줘야 그 좋은 기운이 가족에게까지 전해지기도 하므로, 스스로를 응원해 주는 건 참 중요한 일입니다.

질문에 대한 저의 답이 거창하진 않습니다. 그들을 만나기 전까지는 내가 해 줄 수 있는 조언이 있을까, 내 경험이 너무 소소한 건 아닐까 걱정하기도 했습니다. 하지만 긴 고민 끝에 찾아낸 방법들이 그분들에게 해답이 되어 하루를 조금 더 행복하게 보낼 수 있게 되었다는 소식을 접할 때마다 큰 감동으로 다가왔습니다. 제 경험이 누군가의 삶에서 작은 터닝포인트가, 시작할 수 있는 용기가 된다는 것은 참 행복하고 보람찬 일이었습니다.

그래서 앞으로도 저는 제 도움이 필요한 사람들에게 아낌없이 나누고 돕는 사람이 되려고 합니다. 거창한 경험, 대단한 이야기가 아니어도 괜찮습니다. 나의 작은 경험이, 먼저 그

고난을 치열하게 거쳐 왔던 이야기라면 누군가의 삶에 울림이 될 수도, 시작할 수 있는 용기와 격려가 될 수도 있습니다. 여러분도 타인의 행복이 내 기쁨이 될 수 있는 소중한 기회를 함께 하실 수 있길 바랍니다. ¶

나만의 플랫폼이
필요한 이유

저는 지인들에게 블로그를 시작해 보라는 이야기를 자주 합니다. 제 프로젝트에 참여하는 멤버들에게는 블로그를 통해 미션을 수행하고 인증하게끔 유도를 합니다. 이렇게 처음에는 스터디 과제 제출을 위해, 시간 부자 프로젝트 미션 인증을 위해 블로그를 시작하지만 매일 올리는 글이 어느 순간부터는 습관이 됩니다. 글 하나를 쓰는데도 한두 시간이 걸렸던 일이 당연한 하루 일과가 된 것이죠. 블로그를 몇 달간 하다 보면 사람들은 블로그를 제대로 키워 보고 싶다는 욕심을 가지게 됩니다.

"처음 블로그를 시작할 때는 아무 생각이 없었는데 하다 보니 잘하고 싶어져요. 욕심이 생겨요."

제 권유로 블로그를 시작한 분들 중 이렇게 이야기하는 분들이 많습니다. 그럼 저는 이렇게 대답합니다.

"환영합니다. 저의 빅픽쳐에 드디어 발을 담게 되셨습니다. 우선은 꾸준히 해보셔요!"

이렇게까지 블로그를 강조하는 데는 이유가 있습니다. 제가 경험해 보니 나만의 플랫폼이 있는 것과 없는 것에는 큰 차이가 있었기 때문입니다. 플랫폼이라고 하니 왠지 거창한 사업을 하나 시작해야 할 것 같지만, 그냥 내가 하고 싶은 일을 마음껏 펼칠 수 있는 나만의 공간이라고 생각하면 됩니다. 이 플랫폼 안에서 관심사가 같은 사람들과 경험을 공유하고 도움을 얻고 서로를 연결하는 것이지요.

사용자 혹은 소비자 입장에서 블로그는 단순히 정보를 얻기 위한 공간입니다. 하지만 생산자 입장에서 블로그는 나의 관심사와 이야기가 녹아들어 있는 곳이자 콘텐츠 생산소입니다. 차곡차곡 쌓인 경험들은 누군가에게 귀한 조언이 되기

도 하고 나를 어필하는 포트폴리오가 되기도 하며 작가가 될
수 있는 기회를 가져다주기도 합니다.

　제가 여러 프로젝트를 오픈하고 시도해 볼 수 있었던 것
도 결국 제 블로그 안에 저의 이야기와 경험을 쌓아 놓았기
때문입니다. 독서 모임이든, 시간 관리든, 재테크 공부든 원하
면 무엇이든 시도해 볼 수 있는 곳, 그곳이 바로 플랫폼이라고
생각합니다.

　저도 제 블로그가 몇천 명의 이웃을 가진 블로그로 클 것
이라고는 생각하지 못했습니다. 제 글은 너무 평범했으니까
요. 하지만 이렇게 미약했던 공간이 이제는 많은 사람들이 찾
아 주는, 힘이 있는 공간으로 변화했습니다. 1년, 2년 시간이
지날수록 쌓이는 콘텐츠에 비례해 플랫폼이 가진 힘도 달라
집니다. 그리고 그 힘에 제게 큰 동력이 됩니다.

　또한 블로그는 이웃으로 맺어져 있는 사람들과 긴밀한
관계를 유지할 수 있는 수단입니다. 가끔은 고민과 속내를 털
어놓다가 번뜩이는 영감을 얻기도 합니다. 나의 니즈와 세상
의 니즈를 연결하는 아이디어를 떠올리기도 하고, 뭔가 시작
할 수 있는 동기 부여로 작용하기도 합니다. 마치 작은 공동체

처럼 서로에게 응원을 아끼지 않는 공간인 것이죠.

제가 진행하는 여러 프로젝트도 모두 블로그로 맺어진 인연에서 시작되었습니다. 그리고 프로젝트를 시작하게 된 데에는 이웃들의 응원, 그로 인한 추진력이 핵심이었습니다. 그 추진력을 제대로 발휘할 수 있는 저만의 공간이 있었기에, 시너지는 배가되었다고 해도 과언이 아닙니다.

사람들과 함께 하고 싶은 일이 생겨도, 내 경험을 누군가에게 이야기해 주고 싶어도 플랫폼이 없으면 어렵습니다. 하지만 저는 제 공간이 있었기에 아이디어를 떠올리자마자 구체적으로 계획을 그려볼 수 있었습니다. 그리고 이웃들과의 상호작용을 통해 프로젝트가 잘 진행되고 있는지 세세한 부분까지 면밀하게 파악할 수 있었습니다.

오프라인 창업에는 많은 돈이 들지만 온라인 창업에는 큰돈이 들지 않습니다. 글을 쓸 수 있는 도구와 시간만 필요할 뿐입니다. 내 상상을 언제든지 실현해 볼 수 있는 공간, 플랫폼이 중요한 또 하나의 이유이기도 합니다. 나만의 공간에서는 언제든 새로운 일이 벌어질 수 있습니다.

그러니 여러분도 도전의 설렘을 안고 블로그를 시작해

보시면 좋겠습니다. 나의 블로그가 꿈을 키워 주는 공간으로, 하나의 실험실로 변신할 수 있습니다. 그곳에서 내가 진짜 해 보고 싶은 일을 펼쳐보시기 바랍니다. ¶

필요한 건
용기와 꾸준함

    사회적 자유를 준비할 때 필요한 요소 중 하나는 '용기'와 '꾸준함'입니다. 내 이야기를 타인과 공유할 수 있는 용기, 그리고 지치지 않고 지속할 수 있는 꾸준함. 가장 기본적이지만 가장 지키기 힘든 일이기도 합니다.

    저도 처음 블로그를 시작할 때는 제 이야기를 타인에게 보이기가 참 힘들었습니다. 부동산 투자 공부나 임장 기록을 남기는 건 사실에 기반한 이야기라 작성하는 데 시간이 오래 걸려도 글을 게시하는 데는 별다른 어려움이 없었습니다. 하지만 진짜 나의 이야기를 쓰는 것은 차원이 다른 문제였습니다. 엄청난 용기가 필요했습니다.

내가 왜 부동산 투자를 공부하기로 마음먹었는지를 이야기하려면 돌도 안 된 아기를 데리고 자존심 구겨 가며 집주인에게 부탁했던 순간, 밤을 새워 가며 아등바등 공부하던 기억, 만삭 임산부의 새벽 임장 산책 등을 모두 담아내야 했습니다. 나의 치부, 나의 결핍을 드러내는 것 같아서 글을 쓰면서도 이렇게 하는 게 맞을지 수만 번을 고민했습니다.

하지만 제 블로그가 커지기 시작한 시점을 곰곰이 생각해 보면 그 시작은 진짜 제 이야기를 꺼내 놓았을 때였던 것 같습니다. 저의 결핍, 부족함이 오히려 다른 사람에게 공감을 불러일으켰고, 그 결핍을 채우기 위한 노력과 경험이 누군가에겐 희망이, 조언이 되었습니다. 단순히 팩트를 기록하는 것을 넘어서 나의 이야기를, 나의 생각을 꺼내 놓을 때 진정성 있는 공간으로 탈바꿈하게 되는 것입니다.

사회적 자립을 준비하다 보면 용기가 필요한 순간들이 참 많이 찾아옵니다. 하지만 진짜 나를 찾고 타인을 도울 수 있는 무언가를 찾는 것, 나를 드러낼 수 있는 용기를 갖는 것이 사회적 자립의 첫 단계라고 생각합니다.

한번 하고 나면 용기는 자연스럽게 장착될까요? 물론, 그렇지 않습니다. 허들을 넘는 장애물 경주를 하듯 매 순간 큰 용기가 필요합니다. 하지만 한 번씩 용기를 낼 때마다 그만큼 성장한 나를 발견할 수 있습니다. 그러니 여러분도 그 빛나는 순간을 놓치지 않으셨으면 좋겠습니다.

그리고 용기만큼이나 중요한 것이 꾸준함인데, 시작하는 것보다 더 어려운 게 꾸준히 하는 것입니다. 아무리 콘텐츠가 좋아도 꾸준히 끌고 나가지 않으면 완성할 수 없습니다. 중간에 너무 귀찮고 힘들어 포기하고 싶더라도 멈추면 안 됩니다. 내가 멈추는 순간 모든 것은 순식간에 증발합니다. 그러니 꾹 참고 버티며 이어나가는 것이 정말 중요합니다. 초반에 너무 달릴 필요도, 매일매일 잘 해낼 필요도 없습니다. 그냥 꾸준히 해내는 것, 진득하게 버티는 것이 어디에나 필요한 진리라는 생각이 듭니다.

저도 처음부터 블로그를 꾸준히 했던 것은 아닙니다. 오히려 블로그 초반에는 잘하고 싶은 마음이 앞서 금방 지치기도 했습니다. 블로그 글을 하나 쓸 때 보통 한두 시간 정도가 필요한데, 에너지를 적당히 조절해 쓰지 않으면 이후 일정을 제대로 소화할 수가 없었습니다. 그래서 몇 번의 시행착오를 거친 후 오늘은 블로그에 에너지를 어느 정도만 쓰겠다 정해두고 일을 진행하곤 했습니다.

그러던 차에 저에게 가장 큰 위기가 다가왔으니, 바로 둘째 아이 임신 소식이었습니다. 회사에서는 큰 프로젝트를 담당하게 되어 정신이 하나도 없는데 지옥의 입덧까지 시작되니 모든 것이 너무 버거웠습니다. 그래서 블로그에 많은 신경을 쓸 수 없어 두 달간은 아주 드문드문 글을 올렸습니다. 그렇게 블로그에 점점 소원해져 제 일상에서 잊히기 직전, 제가 블로그를 본격적으로 키우기로 마음먹었을 때 만났던 두 명의 이웃이 떠올랐습니다. 당시 제게는 그 두 분의 블로그가 너무 대단해 보여 저도 그들처럼 색깔이 확실한 블로그를 만들고 싶다는 생각을 많이 했었습니다.

그런데 두 분 중 한 분은 출산과 육아를 거치며 자연스레 블로그 활동을 줄여 나가 지금은 교류가 끊겼고, 다른 한 분은 9년이 넘는 시간 동안 블로그를 놓지 않고 이어가 지금은 강의도 하고 책도 내며 활발히 활동하고 있습니다. 내가 지금 어떤 결정을 하느냐에 따라 제 미래가 달라질 수 있었습니다. 저는 저만의 색을 가진 블로그를 만들고 싶었고 블로그를 통해 하고 싶은 일도 많았습니다. 잠깐의 힘듦으로 세워 둔 계획을 한순간에 사라지게 할 순 없었습니다.

블로그를 하다 보면 많은 분들이 나타났다가 사라집니다. 하지만 타인이 글을 읽어 주지 않아 성과가 나지 않는 순간에도, 중간중간 다른 일에 치여서 놓아 버리고 싶은 순간에도 조금씩이나마 써내는 것이 정말 중요합니다. 거창한 글이 아니더라도 상관없습니다. 아예 손을 놓는 것보다 짧은 글이라도 꾸준히 올려 두는 습관을 가져야 합니다.

처음부터 나만의 뾰족한 콘텐츠를 갖긴 어렵습니다. 꾸준히 쌓인 글들이 모여야 하나의 색을 띠는 겁니다. 그러니 용기를 가지고 꾸준히 블로그를 운영해 보세요. 그러다 보면 내 안에 숨겨진 보석을 찾는 날이, 나만의 콘텐츠로 가득한 보물 창고를 완성하는 날이 올 것입니다. ¶

누구에게나
콘텐츠는 있다

제가 경준녀가 되어야겠다 마음을 먹고 난 뒤 했던 일 중 하나는 저의 커리어를 돌아보는 일이었습니다. 저는 마케터로 10년 넘게 일했습니다. 수많은 제품이 제 손을 거쳐 갔습니다. 그 제품들이 좋은 반응을 얻을 때마다 제 성공인 것 같았고 제 몸값을 올려 주는 기특한 녀석이라고 생각했습니다.

그런데 객관적으로 저의 회사생활을 돌아보니 그것은 큰 착각이었습니다. 저는 그저 한 회사의 직원으로서 역할과 직무를 열심히 수행했을 뿐 혼자서 해낸 일은 거의 없었습니다.

한때 저도 회사에서 인정받는 커리어우먼이 되어 여성 임원이 되겠다는 꿈을 꿔보기도 했습니다. 하지만 시간이 흐를수록 제 현실과는 너무 동떨어진, 머나먼 이야기일 뿐이었습니다. 평범하디 평범한, 어찌 보면 부족해 보이기까지 한 스펙으로 임원 승진은 절대 불가능해 보였습니다. 그렇다고 브랜드를 런칭하고 싶을 만큼 그 분야에 엄청난 애정이나 지식을 가지고 있지도 않았습니다.

새로운 것을 상상하고 만드는 기획이나 마케팅 자체는 성향에 참 잘 맞았지만 비즈니스 시장에 뛰어들 만큼의 재능이나 지식을 가지고 있진 않다는 걸 깨닫게 된 것이죠.

그렇게 내가 무엇을 할 수 있을지 모르겠다고 생각하던 차에 부동산 투자 공부와 블로그를 시작하게 되었습니다. 처음 접하는 세계라 어려웠지만 하면 할수록 재미있었습니다.

내 가족들, 사람들에게 도움이 되는 일이었고 노력한 만큼 성과도 눈에 보이니 재미있지 않을 이유가 없었습니다. 무엇보다 이 일을 하며 웃고 있는 제 모습이 참 보기 좋았습니다. 그렇게 시작한 활동들이 저의 첫 생산 활동이 되었고 어디에 속해서가 아니라, 온전히 제 힘으로 번 수입을 손에 쥘 수 있었습니다.

그런데 이런 활동들이 저만의 콘텐츠라고 생각하기까지는 꽤 오랜 시간이 걸렸습니다. 과거의 경험, 경력과는 무관한 일들이었기에 하나의 부수적인 활동, 취미에 지나지 않는다고 생각했습니다. 생산적인 활동을 하고 있음에도 제 커리어에 얽매여 과거 속에서 저만의 콘텐츠를 찾으려고 노력했습니다. 커리어와는 무관한, 그저 내가 지금 하고 싶은 일이 콘텐츠가 될 수 있다는 건 생각조차 해본 적이 없었습니다.

그런데 부동산 투자를 하며, 블로그를 하며 새로운 사람들을 만나고 그들과 인연을 쌓고 저를 발전시켜 나가면서 이 일들이 제 삶의 많은 부분을 차지해 가고 있다는 걸 알게 되었습니다. 그리고 회사를 다닐 때보다 더 즐겁게 일하는 저를 발견할 수 있었습니다.

이 일들이 앞으로 3년, 5년, 10년 이상 질리지 않고 재밌게 할 수 있는 일이라는 것을 깨달았습니다. 저만의 콘텐츠 실마리를 찾게 된 것입니다. 우리 가족의 안정적인 삶을 위해 부동산 투자 공부는 쉬지 않고 할 것이고, 워킹맘들의 페이스메이커(Pacemaker)가 되어 주는 일 또한 꾸준히 해내고 싶었습니다.

그러니 내가 재미를 추구하며 시작한 일을 그저 취미로 남겨 두거나 쓸모없다고 생각하지 마세요. 그간 경험한 일들이 쌓이고 쌓여 미래로 나아갈 수 있는 자양분이 될 것입니다.

저도 처음에는 '아, 내가 10년 넘게 해온 일들이 아무것도 아니었나? 밖에서는 영 쓸모가 없네'라고 생각했습니다. 그런데 프로젝트를 만들고 도전할 때마다 마케터의 기획력과 진행력이 자연스럽게 스며들어 프로젝트를 끌고 나가는 데 큰 도움이 되었습니다. 제가 그동안 회사에서 하던 일이 이렇게 연결될 수도 있구나 싶어 신기하기도 하고, 제 지난 커리어가 회사 밖에서도 어떻게든 쓰임이 있구나 싶어 뿌듯했습니다.

그리고 프로젝트의 오프라인 행사를 기획한다고 했을 때 저는 회사에서 신제품 런칭 행사 기획을 많이 해봤었기 때문에 이 정도 일은 장애물로 느껴지지 않을 겁니다. 인원수에 알맞은 행사 장소를 선정하고 대관하는 일, 도시락을 맞추고 케이터링 업체를 선정하는 일, 행사장 내부를 꾸미는 일, 멤버들에게 초대장을 발송하고 식순을 짜는 일들이 저에겐 너무나 익숙한 것이어서 오히려 즐겁게 준비할 수 있을 것 같습니다.

그러니 지금의 나, 앞으로 되고 싶은 모습 속에서 콘텐츠

찾기를 망설이지 마세요. 현재 내 모습이 충분하지 못한 것 같아도 하나씩 채워 나가면 됩니다. 지금까지 해온 일들이, 나의 경험과 경력들이 자연스럽게 묻어 나와 새로운 도전을 진행하는 데 큰 도움이 될 것입니다.

누구에게나 강점이 있듯이 우리 모두는 자신만의 경험과 이야기, 자신만의 콘텐츠가 있습니다. 여러분 자신을 믿으세요. 그러면 어느 순간 내 앞에 미래로 가는 길이 준비되어 있을 것입니다. ¶

에필로그

'내가 책을 쓸 수 있을까? 내 이야기가 누군가에게 도움이 되기는 할까? 그래도, 단 한 명에게라도 울림이 되고 위로가 되고 시작의 발판이 된다면 참 의미 있을 텐데.' 저의 무모한 작가 도전은 이렇게 가벼운 고민에서 시작되었습니다.

책을 쓰는 과정은 역시 쉽지 않았습니다. 저에게 주어진 24시간 중 7할은 두 아이에게 묶여 있었기 때문입니다. 남은 3할을 잘게 쪼개 프로젝트 운영과 부동산 투자 공부, 책 쓰기에 효율적으로 활용해야 했습니다.

그래서 저는 글을 쓰기 위해 새벽 3시나 새벽 5시에 일어나곤 했습니다. 이것도 모자라 어떤 날은 선잠이 든 아기를 토닥이며 소파에 앉아 글을 쓰기도 하고, 유모차를 끌고 산책을 하며 쓰고 싶은 이야기를 핸드폰에 녹음해 두기도 했습니다. 낮에 짤막하게 정리해 둔 내용들은 새벽마다 졸린 눈을 비비고 일어나 원고로 다시 써나갔습니다.

◆◆◆

참 힘든 시간이었습니다. 때로는 내가 왜 한다고 했을까 머리를 쥐어뜯기도 했습니다. 새벽 작업의 여파로 피로가 가시지 않아 "오늘은 그냥 쭉 잘 거야!"라고 외치며 잠들었다가도 새벽 3시면 어김없이 눈이 떠지는 제 모습을 보며 피식 웃음이 나오기도 했습니다. 그렇게 책을 쓰는 일은 이제 평생 잊지 못할 소중한 추억이 되었습니다. 참 즐거운 여정이었습니다.

책을 쓰면서 저는 경준녀들을 위한 소망을 한가득 담기도 했지만, 저 자신을 마주하며 제 삶을 되돌아보는 경험을 하기도 했습니다. 나를 만나는 시간은 생각보다 즐거웠습니다. 과거의 나를 만나 웃기도 하고 울기도 하고, 그때의 내가 참 안쓰럽다가도 지금의 나에게 위로를 받기도 했습니다. 열심히, 치열하게 애썼던 시간들이 필름처럼 지나가 스스로가 짠하고 대견했습니다. 그리고 그때의 상처와 결핍들이 저를 나아가게 만드는 용기이자 힘이었다는 걸 알게 되었습니다.

회사원으로, 엄마로, 아내로 남을 위해서만 살다가 내 이야기에 이렇게까지 집중할 수 있는 시간을 가지게 된 것이 참 감사했습니다. 그렇게 새벽마다 수마와 싸우며 제 이야기를 완성했습니다.

◆◆◆

요즘의 저는 직업이 참 다양합니다. 직장인이자 워킹맘, 부동산 투자자, 엄마들의 부동산 공부와 시간 관리, 목표 달성을 도와주는 길잡이, 작가까지 하루에 몸이 열 개라도 모자란 삶을 살고 있습니다. 하지만 경단녀가 될까 봐 두려운 엄마들의 페이스 메이커가 되어 경준녀의 길을 안내하고, 더 많은 경준녀를 만들고 싶다는 목표를 위해 여러 계획을 꾸준히 준비하고 있기도 합니다. 여전히 치열하게 하루하루를 살고 있지만, 예전과 다른 점이라면 이제는 제가 좋아서 스스로 일을 기획하고 말하는 대로 이루어지는 삶을 살고 있다는 것입니다.

내가 생각했던 일들이 하나씩 현실이 되어 가고 있는 삶을 산다는 것은 참 멋진 일입니다. 그래서 이 행복을 놓치지 않고자 저는 오늘도 제 목표를 되뇝니다. 이렇게 말이죠.

- 2020년, 나는 작가가 되어 더 많은 엄마들에게 희망을 전한다.
- 2025년, 나는 내가 원하는 새 아파트에 가족들과 함께 입주한다.
- 2030년, 나는 순 자산 100억 원의 자산가가 되어 경제적, 시간적 자유를 이룬다. 그리고 1,000명의 경준녀 탄생에 이바지한다.
- 앞으로도 나는 우리 가족과 건강하고 행복한 삶을 만들어 갈 것이다.
- 경준녀 대표로서, 워킹맘의 페이스 메이커가 되어 이 세상의 모든 엄마들이 퇴사를 두려워하지 않을 수 있도록 도울 것이다.

◆◆◆

제 인생의 큰 기쁨 중 하나인 둘째 아이가 첫 돌을 맞이하는 8월, 이 책이 세상에 처음 선보여집니다. 작가가 되고 싶다는 저의 인생 목표 또한 한 줄이 지워집니다. 앞으로 펼쳐질 일들에 얼마나 마음이 두근거리고 설레는지 모릅니다.

그래서 저는 앞으로도 한계를 규정짓지 않고 하고 싶은 일을 마음껏 도전해 보려고 합니다. 그리고 그러한 과정을 통해 엄마들에게 희망을 주는 삶을 살고 싶습니다. 우리 아이들에게도 언제나 새로운 일에 도전하는 엄마의 모습으로 기억되고 싶고, 그러한 삶의 태도를 물려주고 싶기에 더욱 열심히 살고자 합니다.

무엇보다 제 책을 읽으신 독자 여러분들에게 제 이야기가 위로가 되고 그 길을 함께 가고 싶다는 울림이 전달되기를 바랍니다. 경제적, 사회적 목표를 잘 준비해 당당하게 퇴사하는 그 날을 위해 여러분도 경준녀가 되는 도전을 시작해 보시길 온 마음을 다해 응원합니다.

임 선 영 올림